Escrever melhor
Guia para passar os textos a limpo

A Editora não é responsável pelo conteúdo deste livro.
As autoras conhecem os fatos narrados, pelos quais
são responsáveis, assim como se responsabilizam pelos juízos emitidos.

Dad Squarisi
Arlete Salvador

Escrever melhor
Guia para passar os textos a limpo

Copyright © 2008 Dad Squarisi e Arlete Salvador

Todos os direitos desta edição reservados à
Editora Contexto (Editora Pinsky Ltda.)

Capa
Antonio Kehl

Diagramação
Gustavo S. Vilas Boas

Revisão
Dad Squarisi
Arlete Salvador
Daniela Marini Iwamoto

Dados Internacionais de Catalogação na Publicação (CIP)
(Câmara Brasileira do Livro, SP, Brasil)

Squarisi, Dad
Escrever melhor : guia para passar os textos a limpo /
Dad Squarisi, Arlete Salvador. – 2. ed., 8ª reimpressão. –
São Paulo : Contexto, 2025.

ISBN 978-85-7244-390-6

1. Arte de escrever I. Salvador, Arlete. II. Título.

08-00616   CDD-808.0469

Índice para catálogo sistemático:
1. Arte de escrever : Português : Técnica de redação 808.0469

2025

Editora Contexto
Diretor editorial: *Jaime Pinsky*

Rua Dr. José Elias, 520 – Alto da Lapa
05083-030 – São Paulo – SP
PABX: (11) 3832 5838
contato@editoracontexto.com.br
www.editoracontexto.com.br

Proibida a reprodução total ou parcial.
Os infratores serão processados na forma da lei.

Para meus pais, Hind e Youssef Abi Chahine,
e minha irmã Houda, que foram na frente.
Dad Squarisi

Para os Fagundes, minha família.
Arlete Salvador

Sumário

Apresentação 11

Parte I

O que é passar a limpo 15

Facão e pé de cabra 17

Palavra perfeita 21

Ingredientes do blá-blá-blá 22

Anatomia da frase 35

Paralelismo 36

Partículas de transição 39

Centopeias e labirintos 41

Coerência 44

Trilhos das ideias **45**

O ponto de partida: o parágrafo 46

As estações: desenvolvimento do parágrafo 48

Falhas dos parágrafos 50

Ponto final 60

Parte II

Pontos & Cia. **63**

Vírgula, a discreta 64

Ponto e vírgula, o sofisticado 75

Dois pontos, o abre-alas 76

Travessão, o realce 77

Parênteses, a desqualificação 79

Aspas, o urubu do texto 80

Ponto, o sedutor 81

Resumo da ópera 83

Verbo, o senhor da fala **85**

O paradigma 86

A origem 87

Filhotes do presente do indicativo 88

Filhotes do pretérito perfeito 93

Filhotes do infinitivo 94

Os outros 108

Verbos abundantes, generosos 109

Voz passiva 113

Pronomes, calos no pé **119**

Relativos, os dolorosos 120

Porquês, o quebra-cabeça 129

Demonstrativos, nó nos miolos 131

Pronome oblíquo, o bilíngue 137

Todo, o manhoso 143

Possessivo, o ambíguo 145

Parte III

Ciladas da língua 149

Crase, a humilhação 150

Percentagem, as opções 160

Tempo, sempre ou às vezes 162

Palavras que confundem 163

Sobressair, o solitário 166

Milhão, o macho 167

Pedir, o jeitoso 167

Dado, sem discriminação 168

Redundâncias, as manhosas 168

Embora, a raivosa 170

De + eu, o elitismo 170

Em face de, a legítima 171

A partir, o começo 171

Demais x de mais, o excesso 171

Já x mais, dois bicudos 172

Em vez de, vale por dois 172

À medida que x na medida em que, 8 ou 80 173

Falar e dizer, a usurpação 174

A nível de, a praga da frase 175

Haver 176

Reaver, o filho do peixe 178

Chegar, o verbo fiel 179

Quem, o gilete 180

De encontro x ao encontro, os opostos 181

Hora, a sem-sem 182

Enquanto, a usurpadora 182

A par x ao par, a diferença 183

Nome próprio, sem privilégios 183

O mais possível, olho no artigo 184

Meio x meia, a cilada 184

Flexão, a vez delas 185

Afim x a fim, as razões 186

Sigla, a moderninha 186

Implicar, o implicante 187

Artigo, o galo da concordância 188

Entre x dentre, a dúvida 189

Mais bem x mais mal, a meia lição 189

Mais grande x mais pequeno, as comparações.................... 191

Preposição, a vez do repeteco... 191

Em princípio x a princípio, a diferença............................. 193

Ex, o que era 193

De esses e zês, o macete.. 194

Família -ear 195

Intervir, a cara e o coração 195

Acontecer.. 196

Passo a passo da edição **199**

Venham, pontos.. 200

Abra alas, concisão 202

Salve, salve, clareza 205

Tchau, tchau, tchau 207

Sim, sim, sim 208

Adeus, voz passiva 210

Bem-vinda, harmonia 212

Xô, intrometidos 213

Caso perdido... 216

Índice de temas.............................. **217**

As autoras **223**

Apresentação

"O diamante é um pedaço de carvão que saiu bem sob pressão."
Anônimo

A frase passou de boca em boca, caiu no gosto do povo e virou sabedoria popular: escrever exige 10% de inspiração e 90% de transpiração. Sim, senhor, escrever é trabalho árduo, equivalente ao do ourives. Textos passam por processos de lapidação como os diamantes. São cortados, aumentados, transformados, virados pelo avesso, amassados, condensados. O texto, como o diamante, só brilha depois de muito apanhar.

O ourives do texto é o próprio autor. Ele trabalha sobre o diamante bruto das redações. Nas grandes editoras, há o especialista contratado para ler os originais, apontar erros gramaticais, incongruências e problemas de estilo. Até autores consagrados submetem-se a ele.

Estudantes, jornalistas, advogados, executivos e outros profissionais que usam a escrita no dia a dia não costumam ter editores por perto. Eles próprios atuam como ourives. Leem, releem e reescrevem dissertações, reportagens, teses, petições, e-mails, relatórios, documentos. Embora não se destine ao grande público, a mensagem precisa chegar às mãos dos chefes, professores e clientes com correção, clareza e objetividade.

Este livro se destina aos que querem melhorar os textos. Eles encontrarão instrumentos de aprimoramento das técnicas de redação. Passar a limpo é a segunda etapa do processo de criação. Muitos autores acreditam até que o verdadeiro trabalho começa depois de concluída a primeira fase.

É o momento de cortar, ajustar, mudar, adaptar, transformar, amassar, socar, chacoalhar. Sempre é possível encontrar uma palavra mais específica, uma estrutura mais precisa, uma frase mais objetiva. O potencial de melhoria do texto, de qualquer texto, é infinito.

Mas como saber quando e onde mexer? Este livro serve de guia. Nele, apresentamos roteiro de elementos lógicos, estilísticos e gramaticais que comprometem a qualidade da produção e indicamos soluções. Melhorar o texto significa deixá-lo conciso, objetivo, claro e... sedutor. Em suma, eficaz – garantia de que o recado chegará sem ruídos ao destinatário.

Escrever melhor tem três partes. Na primeira, explicamos o que é editar. Não se trata de corrigir erros gramaticais como pode parecer à primeira vista. Passar a limpo é reescrever o original para torná-lo fiel à ideia do autor. São comuns os casos de profissionais desesperados diante da tela em branco do computador: "Não consigo dizer o que quero!", esbravejam.

Nós os ajudaremos. Apontamos os defeitos mais comuns e indicamos soluções. Entre os recursos de edição estão desde a substituição de locuções por apenas um termo até a organização dos parágrafos.

A segunda parte traz conteúdos gramaticais de apoio. Um deles é a pontuação. Afinal, a primeira dica para tornar a frase objetiva e clara é deixá-la mais curta com o uso de pontos. Tratamos ainda de verbos e pronomes, dois temas cheios de manhas.

Na rabeira, trazemos ciladas da língua capazes de nocautear até renomados autores. É o caso da crase, que não foi feita pra humilhar ninguém, mas responde por mil trapalhadas. Finalmente, sugerimos modelos editados segundo as técnicas apresentadas nos capítulos anteriores.

Bom proveito.

Parte I

O que é passar a limpo

"Separar alhos de bugalhos é um longo caminho."
Sonia Racy

Sargento Getúlio, personagem do escritor baiano João Ubaldo Ribeiro, é um homem mau. Cruel. Matador profissional. Um dia, conta João Ubaldo no livro *Sargento Getúlio*, o policial é escalado para levar um prisioneiro da Bahia até Aracaju. Durante o percurso, toma-se de tal ódio pelo cabra que, quando todos os palavrões do mundo parecem insuficientes para ofendê-lo, cria vocabulário próprio. E desanda a xingar o prisioneiro numa língua particular, sem sentido, como animal enraivecido uivando para a lua.

Quem nunca se sentiu como sargento Getúlio um dia? De mal com as palavras, brigado com a gramática, incapaz de domar o próprio idioma? Quem nunca inventou uma língua, como ele, e acabou uivando para a lua?

Quer ver? A frase a seguir foi retirada de tese de doutorado sobre obesidade apresentada à Faculdade de Medicina da Universidade de São Paulo (USP):

> ▶ *Segundo dados recentes da Organização Mundial de Saúde (OMS), estima-se que 60% da população mundial não é fisicamente ativa o suficiente a fim de garantir os benefícios advindos dos exercícios físicos.*

Eis exemplo típico de uivo para a lua. As palavras estão ali. Aparecem uma depois da outra. Como num trenzinho, formam período. Mas não fazem sentido juntas. Ou, pelo menos, não reproduzem com clareza o pensamento do autor. O que o estudante quis dizer foi:

> ▶ *Segundo a Organização Mundial de Saúde, 60% da população é sedentária.*

Percebeu a diferença? O uso de um adjetivo (*sedentária*) fez toda a diferença. Ele informa de forma mais direta e abrangente possível que a maior parte da população não se exercita e, portanto, não desfruta dos benefícios da atividade física. Desnecessário usar mais palavras (*não fisicamente ativo*) para dizer a mesma coisa.

Para alcançar o nível de versão-frase, a versão-uivo passou por processo de edição. Perdeu tamanho, mas ganhou conteúdo. Ficou mais elegante, mais fácil de ler. A edição de texto consiste em reescrever o original para lhe dar três características básicas do trabalho de qualidade – clareza, concisão e objetividade.

Não estamos falando de produções literárias, mas de textos profissionais. Com eles, o autor se comunica com o receptor e dá o recado. É o caso das petições jurídicas, das teses de doutorado, relatórios de vendas e das apresentações corporativas. Os autores não são candidatos ao Prêmio Nobel de Literatura, mas, com certeza, não querem ser um Sargento Getúlio.

Eles precisam ser claros para dizer exatamente o que precisam dizer. Precisam ser concisos para não sobrecarregar o leitor com informações desnecessárias. E precisam ser objetivos para ater-se às informações relevantes. Editar, pois, é fundamental.

Vale deixar claro: editar não é procurar erros gramaticais (embora devam ser corrigidos se aparecerem). Também não é incluir palavras difíceis porque vocabulário inacessível compromete a naturalidade da escrita. A edição pode ser resumida em dois verbos – cortar e trocar.

Cortar o quê? Trocar o quê? Tudo o que houver para ser cortado e trocado – às vezes até para aumentar o tamanho da frase e clarificá-la. A técnica de passar a limpo utiliza dois instrumentos de trabalho, o facão e o pé de cabra. Com o facão, o autor ceifa palavras e frases longas, inúteis, vagas e desconjuntadas. Com o pé de cabra, à semelhança dos ladrões, abre espaço para a pontuação e para vocábulos, frases e estruturas claras e descomplicadas.

Passar a limpo equivale a mandar o texto para o SPA. Sujeito a dieta pobre em adjetivos e rica em substantivos, ele sairá de lá magrinho, esbelto, sem pneuzinhos e gorduras localizadas. Andará faceiro, leve e solto, com tudo no lugar, cheio de curvas e atrativos. Se necessário, com retoque de botox aqui e ali.

E tudo isso para quê? Para que o autor não seja um Sargento Getúlio na vida real. Para comunicar uma ideia. Para despertar o interesse do leitor e entretê-lo até o último parágrafo. Para encantar o mundo.

Facão e pé de cabra

Estudantes, advogados, jornalistas, professores, juristas, executivos, médicos, enfim, profissionais para quem o ofício de escrever é parte essencial do dia a dia, editam os textos mesmo sem perceber. Releem o trabalho em busca de eventuais erros e chance de aperfeiçoamentos. Esse cuidado é edição empírica, quase intuitiva.

Nossa intenção é ir além. Como identificar os principais defeitos? Eles são recorrentes e funcionam como bandeirolas vermelhas fincadas no meio das páginas. Quando os olhos se depararem com uma delas, é hora de pôr o facão ou o pé de cabra em ação.

Para começar, o editor deve prestar atenção a duas características do texto – gramaticidade e inteligibilidade. Sim, senhor, lamentamos desiludi-lo, mas não há a menor possibilidade de alguém escrever bem sem o conhecimento básico das normas da língua.

A gramática é o esqueleto do texto. Ignorá-lo? Nem pensar. É como se o engenheiro civil desprezasse os cálculos estruturais na construção de um prédio. A obra desmoronará cedo ou tarde. Com o texto ocorre o mesmo. Se não estiver bem escrito, falhará no momento em que atingir o alvo (o leitor). Ou seja, deixará de transmitir a mensagem.

Veja esta frase, extraída do livro *Comunicação em prosa moderna*, de Othon Moacir Garcia:

> ● *De maus tranquilos se nunca instintos os jovens sentem.*

As palavras estão ali, mas não fazem sentido juntas, não é mesmo? Falta uma ordem (sintaxe) que lhes dê direção, função e significado e as transforme numa frase. Falta-lhes, vá lá, gramaticalidade.

"Nossa liberdade de construir frases", explica Othon Garcia, "está, assim, condicionada a um mínimo de gramaticalidade – que não significa apenas nem necessariamente correção (há frases que, apesar de, até certo ponto, incorretas, são plenamente inteligíveis). Carentes da articulação sintática necessária, as palavras se atropelam, não fazem sentido – e, quando não há sentido possível, não há frase, mas apenas um ajuntamento de palavras".

O enunciado acima só se tornará inteligível assim:

> ● *Os jovens de maus instintos nunca se sentem tranquilos.*

Muitos escritores resistem às regras gramaticais. O gaúcho Luiz Fernando Veríssimo tratou do tema na crônica "Gigolô das palavras". Nela, relata conversa com um grupo de estudantes que lhe perguntaram se é necessário saber gramática para escrever bem. Veríssimo respondeu o seguinte:

> ... adverti que minha implicância com a gramática na certa se devia à minha pouca intimidade com ela. Sempre fui péssimo em português. Mas – isto eu disse – vejam vocês, a intimidade com a gramática é tão dispensável que eu ganho a vida escrevendo apesar da minha total inocência na matéria. Sou um gigolô das palavras. Vivo às suas custas. E tenho com elas a exemplar conduta de um cáften profissional.

À primeira vista, Veríssimo parece defender a ignorância gramatical. Puro jogo estilístico. O conto é gramaticalmente impecável. A prática de Veríssimo contradiz a teoria. A combinação da fala do autor com sua escrita demonstra que, para escrever bem, não é necessário decorar as regras gramaticais. Fundamental é saber usá-las, abusar delas e subvertê-las. Como fazem os gigolôs – os das palavras, claro.

Veríssimo responde apenas em parte à equação do bom texto porque aplicar as regras gramaticais não basta para garantir a qualidade. Duvida? Preste atenção neste período. Trata-se de exemplo clássico do linguista e filósofo norte-americano Noam Chomsky:

> ● *Incolores ideias verdes dormem furiosamente.*

Como é que é? Ele também não faz sentido. É ininteligível, embora gramaticalmente correto. Com a palavra, de novo, Othon Garcia:

> Ausência de gramaticalidade ou gramaticalidade muito precária significam ausência de inteligibilidade. Mas a simples gramaticalidade, o simples fato de algumas palavras se entrosarem segundo a sintaxe de uma língua para tentar comunicação não é condição suficiente para lhes garantir inteligibilidade.

O conhecimento gramatical ou a aplicação automática das regras não garante bom texto. Eis a lição de Chomsky. Uma frase, para ser considerada frase, precisa fazer sentido. Deve respeitar as normas da morfologia e da sintaxe e, ao mesmo tempo, comunicar a ideia. Sem isso, vira uivo.

Palavra perfeita

"Uma palavra posta fora do lugar estraga o pensamento mais bonito."
Voltaire

O problema mais comum nos textos é o tamanho. Escreve-se demais. Escreve-se demais, escreve-se muito, como se a qualidade pudesse ser medida por metro ou peso. Extensão não é documento nem excelência.

Há casos em que o autor usa várias palavras quando uma pode dar o recado. Há outros em que utiliza duas orações quando uma basta. Há ainda os abusados, em que todos os tipos de blá-blá-blá se encontram. Aí a doença é terminal como a do Sargento Getúlio.

Leia com atenção o parágrafo que segue, extraído de dissertação de mestrado apresentada à Faculdade de Arquitetura e Urbanismo da Universidade de São Paulo. Trata-se de bom exemplo de verborragia:

> *O profundo conhecimento dos hábitos e específicas necessidades dos potenciais grupos de usuários de um espaço habitável será de inestimável valor para que, ao se elaborar o projeto, se atinja o objetivo de conferir ao usuário o domínio sobre o uso do produto adquirido – sua moradia – para que esse lhe seja de fato prazeroso, seguro e responsável por um verdadeiro progresso na qualidade de vida de seus usuários, ou seja, o conforto doméstico.*

Se você não entendeu o que o autor quis dizer, não entre em pânico. Há palavras de mais e sentido de menos. Resultado: não dá mesmo para entender. É apenas possível supor que ele pretende afirmar o seguinte:

> ▷ *O conhecimento dos hábitos e necessidades dos moradores é fundamental para a elaboração de projeto arquitetônico de apartamento confortável.*

Palavras têm peso. Poder. Vida. É preciso escolhê-las com cuidado, porque há palavras para tudo. Afirmar é mais incisivo do que contar. Gritar é mais agressivo do que afirmar. E assim vai a rica Língua Portuguesa.

É possível citar 17 modos de ver: *entrever, relancear, avistar, perceber, divisar, descortinar, notar, apreciar, assistir, espreitar, esquadrinhar, examinar, contemplar, testemunhar, vislumbrar, bisbilhotar, espiar.*

E dizer? Há pelo menos nove áreas semânticas de verbos úteis para substituir o onipresente dizer: *declarar, interrogar, retrucar, negar, concordar, gritar, solicitar, aconselhar, mandar.* Existem ainda vários jeitos de dizer alguma coisa, como *sussurrar, balbuciar, murmurar, berrar, rosnar.*

Ao autor cabe encontrar a palavra certa para o lugar certo. Como fazer isso? Indicaremos o caminho. O blá-blá-blá é praga, mas tem cura porque a maior parte das frases verborrágicas apresenta os mesmos sintomas.

Ingredientes do blá-blá-blá

Verbos

Os verbos dão o recado. São o mapa que norteia o caminho da locomotiva-sujeito e dos vagões-predicados. Quando fracos e vagos, deixam a frase sem vigor. Acompanhe estes enunciados, comuns em teses, dissertações, e-mails, reportagens de jornais e revistas:

Palavra perfeita

> ❖ *Este trabalho **visa analisar** as causas da violência doméstica.*

> ❖ *Nossa pesquisa **busca conhecer** a realidade dos meninos de rua.*

> ❖ *Esta tese **pretende discutir** o preconceito racial nas escolas.*

> ❖ *O presidente da República **deve anunciar** a candidatura à reeleição em dois meses.*

> ❖ *O cantor **pode apresentar** nova canção durante o espetáculo.*

O que eles têm em comum? Usam mais de um verbo para dizer alguma coisa. O tom da frase torna-se hesitante. O autor parece fugir da raia. Fala, mas fica em cima do muro. Que tal conjugar o verbo assumir?

> ❖ *Este trabalho **apontará** as causas da violência doméstica.*

> ❖ *Nossa pesquisa **revela** a realidade dos meninos de rua.*

> ❖ *Esta tese **analisa** o preconceito racial nas escolas.*

> ❖ *O presidente da República **anunciará** a candidatura à reeleição em dois meses.*

> ❖ *O cantor **apresentará** nova canção durante o espetáculo.*

Observe este parágrafo, parte do resumo de dissertação de mestrado apresentado à Universidade de São Paulo:

> ❖ *A partir de uma abordagem institucional da advocacia, que destaca as disposições constitucionais sobre a participação privilegiada da profissão na administração e funcionamento do sistema de Justiça brasileiro, **o objetivo do estudo é investigar** como a advocacia vem se relacionando com as reformas do acesso à Justiça no Estado de São Paulo, durante a transição para a democracia e a consolidação democrática no Brasil.*

Cabe a pergunta: qual é mesmo o objetivo da dissertação? O resumo, como o próprio nome diz, deveria ser a síntese da proposta, com objetivos, metodologia de pesquisa e conclusões. No texto, o verbo *investigar* caracteriza a vagueza.

Você leria até o fim uma dissertação que só se propusesse a investigar? Ou se interessaria por esta tese de doutorado, apresentada à Faculdade de Economia, Administração e Contabilidade da USP?

> ◗ *Este trabalho* tem o propósito de buscar *um maior entendimento sobre a influência da adoção dos conceitos e ferramentas da responsabilidade social na gestão empresarial.*
>
> *(...) Os resultados da pesquisa* sugerem *que o relacionamento entre as variáveis estudadas é bastante dependente do contexto em que atuam as empresas.*

O autor diz que o trabalho "tem o propósito de buscar" quando poderia afirmar que:

> ◗ *o trabalho* **examina** *a adoção dos conceitos e ferramentas da responsabilidade social na gestão das empresas.*

Quanto aos resultados da pesquisa, se existem, não foram apresentados ao leitor. Segundo o enunciado, eles apenas "sugerem" alguma conclusão. Se nem o autor tem certeza da conclusão da pesquisa, por que o leitor teria?

Locuções

Locuções são duplas, trios, quartetos de vocábulos que cumprem, juntos, uma função na frase. É possível passar o facão – menos palavras podem dar o recado. Deste jeito:

Verbo + substantivo

> *pôr ordem nas ideias = ordenar as ideias*
>
> *pôr moeda em circulação = emitir moeda*
>
> *fazer uma redação = redigir*
>
> *fazer um discurso = discursar*
>
> *fazer uma viagem = viajar*
>
> *ver a beleza da noiva = admirar a noiva*

Ficou mais preciso e elegante, não? Fazer, pôr, dizer, ter e ver são figurinhas carimbadas nas locuções vagas. Substitua-as.

beleza de anjo = beleza angelical

líquido sem cheiro = líquido inodoro

população das margens dos rios = população ribeirinha

paixões sem freios = paixões desenfreadas

água boa para beber = água potável

material de guerra = material bélico

Percebeu a diferença? As duplinhas substantivo + preposição podem ser trocadas por pares de substantivos e adjetivos. A alteração de uma forma pela outra deixou as expressões mais sofisticadas, não é? Trata-se de mudança sutil, mas relevante.

Termos genéricos

Abacateiro é mais específico do que árvore frutífera e árvore frutífera é mais específica do que simplesmente árvore. Gato siamês é mais específico do que gato, que é mais específico do que mamífero, que é mais específico do que animal.

O uso de termos específicos deixa o texto mais claro, sofisticado e elegante. A generalização confunde o leitor e deixa-o incerto sobre o que o autor pretendeu dizer.

Pense no adjetivo "bonito", por exemplo. Ele pode ser aplicado a uma infinidade de coisas e pessoas. Ao dizermos "quadro bonito", "filme bonito" ou "menino bonito", não estamos, na prática, dizendo nada. Afinal, o que o autor considera bonito? Menino bonito é um menino de olhos azuis ou castanhos? Filme bonito seria de ação ou romântico? Quem sabe?

Ao se deparar com um texto vago, assim:

> ● *Os jovens chegaram num carrão bonito. Usavam calças velhas, camisetas e óculos de sol. Entraram no primeiro restaurante que encontraram pela frente, sem se preocupar com o preço.*

Substitua-o por versão mais precisa e concreta:

▶ *Os jovens, entre 15 e 18 anos, chegaram numa BMW azul. Usavam blue jeans com remendos nas pernas, camisetas de malha brancas e óculos de sol. Entraram no primeiro restaurante que encontraram pela frente, um italiano especializado em massas de Bologna, sem se preocupar com o preço.*

Em resumo: dê nome aos bois. É mais bonito e mais fácil.

Redundâncias

Redundância, nome sofisticado para o blá-blá-blá, é um tipo de prolixidade. Nada criativa, repete a ideia com palavras diferentes. Parece que o autor duvida da capacidade do leitor de entender o recado. Observe estes exemplos:

▶ *A decisão de toda a diretoria foi unânime.* [Não seria unânime se alguém da diretoria tivesse discordado.]

▶ *É terminantemente proibido pichar a parede.* [Proibir quer dizer proibido em qualquer circunstância.]

Há casos mais sutis. Analise este texto, extraído de tese apresentada à Universidade de São Paulo para obtenção de título de doutor:

▶ *Em muitos países, os formuladores de políticas estratégicas e os planejadores das atividades turísticas precisam justificar economicamente o porquê da necessidade de exploração do turismo em áreas consideradas ambientalmente sensíveis.*

Ora, ao dizer que técnicos precisam justificar economicamente a exploração do turismo em áreas ambientalmente sensíveis, o autor dispensa o uso da expressão "o porquê da necessidade".

Quer mais pleonasmos? Aqui vão velhos conhecidos:

▶ *Abusar (demais), amanhecer (o dia), amigo (pessoal), brigadeiro (da Aeronáutica), certeza (absoluta), comparecer (pessoalmente), (completamente) vazio, consenso (geral), continua a (permanecer), criar (novo), descer (para baixo), detalhes (minuciosos), elo (de ligação), empréstimo (temporário), erário (público), encarar (de frente), exultar (de alegria), ganhar (de graça, grátis), gritar (bem alto), jantar (de noite), manter (a mesma), minha opinião (pessoal), monopólio (exclusivo), multidão (de pessoas), (outra) alternativa, panorama (geral), (pequenos) detalhes, planos (para o futuro), prevenir (antes que aconteça), retornar (de novo), sorriso (nos lábios), surpresa (inesperada), última versão (definitiva), vereador (da cidade).*

Clichês

Ah, essas são expressões que caíram na boca do povo e se vulgarizaram. Dão arrepios. A lista é loooonga:

- *viúva inconsolável, pontapé inicial, pai extremoso, filho exemplar, esposa dedicada, doce esperança, amarga decepção, lugar incerto e não sabido, tiro de misericórdia, gerar polêmica, lavar a alma, debelar as chamas, cair como uma bomba, dar o último adeus, de mão beijada, erro gritante, efeito dominó, encostar contra a parede, estar no páreo, hora da verdade, jogo de vida ou morte, leque de opções, morto prematuramente, no fundo do poço, quebrar o protocolo, requintes de crueldade, sentir na pele, sorriso amarelo, tirar do bolso do colete, trocar farpas, via de regra, voltar à estaca zero.*

Jargões corporativos

Como quase tudo o que ocorre nas empresas vira moda, as expressões dos departamentos de recursos humanos invadiram o texto de outros profissionais. As novas palavras corporativas estão na lista das que falam sem dizer, insinuam sem contar e adoçam más notícias. Quer ver?

Onde se lê fulano "está posicionado no mercado", leia-se ele está empregado. Onde se diz sicrana foi "desligada da empresa", entenda-se que foi demitida. Onde se faz "reestruturação" do departamento, pode ter certeza de que metade do pessoal foi mandado embora.

Há longa lista dessas palavras, todas no caminho do facão do editor:

> *implementar, disponibilizar, oxigenar, maximizar, otimizar, conjugar esforços, a nível de, equacionar, embasamento, obstacularizar, rentabilizar, problematizar, maximizar, viabilizar*

O uso de jargões corporativos é mais dramático em determinados setores, como o de informática e novas tecnologias. Ao jargão corporativo acrescenta-se o vocabulário técnico, incompreensível para leigos. Veja este texto, divulgado por empresa de TV a cabo ao lançar produto no mercado:

> *Empresa apresenta com exclusividade o primeiro decodificador avançado do país, que oferece, num único aparelho, as funcionalidades de gravador digital e TV de alta definição. É compatível com TV de alta definição em formato widescreen, tem saída digital HDMI e de vídeo em formato Componente e S-Vídeo, áudio surround Dolby Digital 5.1 e cable modem interno.*

A menos que o consumidor seja especialista em tecnologia digital para televisão, o recado é incompreensível. Ao editá-lo, aconselha-se buscar linguagem mais ampla para alcançar o maior número de leitores. No primeiro parágrafo, é possível trocar "funcionalidades" por funções:

> *Empresa apresenta com exclusividade o primeiro decodificador (...) que oferece, num único aparelho, as funções de gravador digital e de TV de alta definição.*

Quanto às especificações técnicas do equipamento, bem, elas são mesmo coisa de entendidos. Em textos destinados ao leigo em tecnologia, é melhor evitá-las.

Há um jargão que constitui o maior ataque à Língua Portuguesa dos últimos tempos. Trata-se do gerundismo. A forma verbal usada nas frases abaixo não existe na língua-mãe:

- ◐ *Vou estar te **mandando** o relatório mais tarde.*
- ◐ *O técnico **vai estar checando** o equipamento em dois dias.*
- ◐ *A cliente **pode estar pegando** o carro amanhã.*

Vale repetir, porque muita gente não acredita: as formas verbais acima estão erradas. Em português, deve-se dizer:

- ◐ *Eu vou te mandar o relatório mais tarde.*
- ◐ *O técnico vai checar o equipamento em dois dias.*
- ◐ *A cliente pode pegar o carro amanhã.*

Se preferir, existe outra estrutura, um pouquinho mais formal:

- ◐ *Eu te mandarei o relatório mais tarde.*
- ◐ *O técnico checará o equipamento em dois dias.*
- ◐ *A cliente poderá pegar o carro amanhã.*

A estrutura "vou estar te mandando" virou praga nacional. Tudo indica que foi importada do idioma de Shakespeare. Em inglês, é correto dizer *I will be sending you the message later on*. No Brasil, dizer essa frase em tradução literal é crime de lesa-língua. Não há centro de atendimento ao cliente ou serviço telefônico imune ao vírus do gerundismo. Basta fazer uma consulta, e a pessoa do outro lado do telefone responde com algum "vou estar te passando para o departamento certo", "vou estar checando a informação", "vou estar te enviando uma resposta em dois dias".

Voz passiva

Qual o problema da voz passiva? De um lado, ela torna a frase mais longa. De outro, dá a impressão de que o sujeito foge às responsabilidades. Ele não pratica a ação. Sofre-a. Na voz ativa, o sujeito é o agente. Funciona como a locomotiva, que puxa o verbo e os complementos. Compare:

Voz ativa: *Os caminhões recolherão o lixo durante a noite.*

Voz passiva: *O lixo será recolhido durante a noite.*

Sempre que possível, substitua a voz passiva pela ativa. Em alguns casos, por exigência estilística, o autor prefere a passiva. Ele entende, por exemplo, que o fato de o lixo ser recolhido é mais importante do que o fato de serem os caminhões os responsáveis pelo trabalho.

Artigos indefinidos

O nome não poderia ser mais apropriado – indefinidos. Se são indefinidos, ajudam a imprecisão. Um, uma, uns, umas, em geral, estão destinados à lata de lixo. Sempre que possível, elimine-os. A frase ganhará força e clareza. Veja só:

- ▶ *A tropa espera (uma) ordem do comandante para avançar.*

- ▶ *Os estudantes da USP estão dispostos a (um) longo período de greve na reitoria se (uma) nova proposta de acordo for adiada.*

- ▶ *O gerente apresentou (uma) ousada campanha de vendas.*

Pronomes possessivos

Seu, sua, ah, essa duplinha é do barulho. Pode provocar senhora confusão. Ela refere-se a ele ou a você. Leia esta historinha:

- ▶ *O diretor de uma empresa contrata um detetive particular para investigar o sócio.*

  – Siga o Pereira durante uma semana para saber o que anda fazendo.

  Uma semana depois, retorna o detetive com o dever cumprido. E conta:

  – O Pereira sai da sua empresa ao meio-dia, pega o seu carro, vai à sua casa almoçar, namora a sua mulher, fuma um dos seus charutos e regressa para o trabalho.

O outro comenta, satisfeito:

– Ah, bom. Tudo bem, então.

O detetive pergunta:

– Posso tratá-lo por tu?

– Claro

– Então, vou contar a história de novo. O Pereira sai ao meio-dia, pega o teu carro, vai à tua casa almoçar, namora a tua mulher, fuma um dos teus charutos e volta ao trabalho.

 Moral da história: todo cuidado é pouco com seu, sua. Observe esta passagem:

> *O ator Tony Ramos encontrou-se com a atriz Malu Mader no aeroporto do Rio de Janeiro. Enquanto esperavam o avião, Tony ensinou Malu a usar o seu computador para escrever roteiros de novela.*

Computador de quem? Do Tony ou da Malu? Melhor deixar claro se o equipamento é dele ou dela:

> *Enquanto esperavam o avião, Tony ensinou Malu a usar o computador dela (ou dele) para escrever roteiros de televisão.*

Em muitos casos, basta passar o facão nos engraçadinhos:

> *Encontrou o (seu) irmão no aeroporto.*

> *Caiu e quebrou a (sua) perna.*

> *No (seu) discurso de posse, o novo diretor agradeceu a Deus.*

Queísmo

Responda rápido: que palavra aparece com mais frequência nos textos? Aposte no quê. Esse senhor é mais rotineiro do que (olha ele aí, gente!!) ônibus. Dê um jeito nele. Há saídas:

Elimine que é, que foi, que era

- ▶ *O presidente do Sindicato dos Artistas, (que foi) famoso ator de teatro, pediu demissão do cargo.*

- ▶ *Marina recusou milionária proposta de trabalho, (que é) sonho de muitos médicos, para ficar com os filhos.*

- ▶ *Os políticos, (que eram) respeitados no passado, agora são vaiados nas ruas.*

- ▶ *A maior parte da população de Bogotá, (que é) capital da Colômbia, já se acostumou com a insegurança nas ruas.*

Troque oração adjetiva por nome

- ▶ *pessoa que se alimenta de carne = pessoa carnívora*

- ▶ *criança que não tem educação = criança mal-educada*

- ▶ *homem que planta café = cafeicultor*

- ▶ *pessoa que trabalha na agricultura = agricultor*

Reduza orações

- ▶ *Já que encomendei o bolo, esquecerei a dieta.*
  Encomendado o bolo, esquecerei a dieta.

- ▶ *Depois que tiver escrito o capítulo, farei os cortes.*
  Escrito o capítulo, farei os cortes.

- ▶ *Assim que tiver terminado o curso, viajarei para a Europa.*
  Terminado o curso, viajarei para a Europa.

Substitua a oração pelo termo nominal

► *A sociedade exige que o parlamentar seja afastado.*
A sociedade exige o afastamento do parlamentar.

► *Ninguém duvida de que a inflação esteja sob controle.*
Ninguém duvida do controle da inflação.

Ficou muito melhor, não? Economize. Bote os quês para correr.

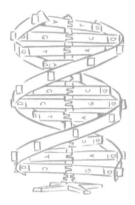

Anatomia da frase

"Não há nada pior do que dar longas pernas para pequenas ideias."
Machado de Assis

▶ *Vovô viu a uva.*

Você se lembra dessa frase? Ela é exemplo típico de oração simples, formada por dois elementos essenciais – sujeito e predicado. *Vovô* é o sujeito, o ser de quem se diz alguma coisa. O resto, tudo o que se diz do sujeito, é o predicado.

Ambos andam juntos como um trenzinho. O sujeito é a locomotiva. Para onde ela vai, o vagão do predicado vai atrás. É claro que há orações sem sujeito e orações que parecem não ter nem uma coisa nem outra. Mas são exceções.

O nosso trenzinho vai longe. Ele para em várias estações ao longo do texto. O maquinista engata outro vagão e novos passageiros embarcam. Aí, fica assim:

▶ *Vovô viu a uva / e se lembrou de podar a parreira.*

Agora, temos um período com duas orações. E duas ideias. Vovô viu o quê? A uva. A frase não precisa de mais nada para fazer sentido.

Vovô se lembrou de quê? De podar a parreira. A segunda frase também se basta. As duas são independentes. Podem viver sozinhas. Orações assim mantêm um relacionamento chamado coordenação sintática. Vivem juntas no mesmo período, mas não se casam.

E se fosse outra a história? Digamos que:

> ▶ *Vovô achava / que a uva estivesse doce.*

Aí, o caso é sério. Vovô achava o quê? Que a uva estivesse doce. Uma oração depende da outra. As duas, unidas de papel passado, estão ligadas pela conjunção *que*. Nesse caso, o relacionamento entre elas é de subordinação. Uma depende da outra para existir e fazer sentido no mundo.

As frases que apenas "ficam" umas com as outras, como dizem os adolescentes, são independentes. Não estão nem aí uma com a outra. Mas quando se trata de orações subordinadas, todo cuidado é pouco.

No exemplo "Vovô achava que a uva estivesse doce", a primeira oração fica incompleta sem a segunda. Ficaríamos sem saber o que o vovô achava se não houvesse o complemento. A clareza dos textos, portanto, depende da boa convivência das partes.

O editor tem de se debruçar sobre a organização dos períodos com o despudor com que as sogras se metem no casamento dos filhos. Se necessário, deve fazer uso do facão e do pé de cabra. E, como ocorre com os seres humanos, casamentos harmoniosos podem durar a vida inteira se alguns compromissos forem mantidos. Ao editar, preste atenção em pontos importantes.

Paralelismo

Entre as orações subordinadas, o casamento é mais difícil. A comunicação, mais sutil. Como se trata de enunciados que dependem uns dos outros para sobreviver, o entrosamento deles deve ser perfeito, de tal magnitude que precisam apresentar estrutura gramatical e sintática idêntica. A essa comunhão de almas chamamos paralelismo.

Anatomia da frase

Observe este período:

> ◗ *Não se trata de defender a intervenção do Estado na economia/ ou que o Estado volte a controlar as taxas de câmbio.*

Alguma coisa soa mal, não é mesmo? Vamos decompor as orações para entender melhor o relacionamento entre elas. Na prática, faremos a velha análise sintática:

> ◗ *Não se trata de defender*
> *a) a intervenção do Estado na economia*
> *b) ou que o Estado volte a controlar as taxas de câmbio*

A e **b** são objetos diretos do verbo defender. Têm a mesma função, mas não a mesma estrutura sintática. O primeiro é nominal (a intervenção). O segundo, oracional, construído com verbo (que o Estado volte a controlar).

Cruz-credo! É lé com cré. Impõe-se que o lé converse com o lé, e o cré com o cré. Em outras palavras: impõe-se observar o paralelismo – dar aos dois objetos a mesma estrutura. Assim:

> ◗ *Não se trata de defender*
> *a) a intervenção do Estado na economia*
> *b) ou a volta do controle estatal das taxas de câmbio*

Ou

> ◗ *Não se trata de defender*
> *a) que o Estado intervenha na economia*
> *b) ou (que) volte a controlar as taxas de câmbio*

Veja outro exemplo:

> ◗ *Nosso casamento depende do amor entre nós e em batalharmos juntos.*

Desmembrado, o período fica assim:

> ◗ *Nosso casamento depende*
> *a) do amor entre nós*
> *b) e em batalharmos juntos*

Observou? O verbo *depende* tem dois complementos. Um com estrutura nominal. O outro, verbal. Vamos pô-los nos eixos?

- *Nosso casamento depende*
  a) do amor entre nós
  b) e da batalha conjunta

Ou

- *Nosso casamento depende*
  a) de existir amor entre nós
  b) e (de) batalhar conjuntamente

Eis outro caso:

- *É importante trazer o trabalho completo e que cheguemos mais cedo.*

O período tem duas orações que funcionam como sujeitos de "é importante":

- *a) trazer o trabalho completo*
  b) e que cheguemos mais cedo

Viu? Outra vez o lé com cré. A estrutura de um sujeito é oração desenvolvida. Do outro, reduzida. É melhor falarem a mesma língua. Assim:

- *a) É importante que tragamos o trabalho completo e (que) cheguemos mais cedo.*

Ou

  b) É importante trazermos o trabalho completo e chegarmos mais cedo.

Mais um caso de falta de paralelismo:

- *Deputados federais acusados de crimes contra o patrimônio público – sanguessugas, mensaleiros, vampiros, corrupção passiva, formação de quadrilhas e fraudadores de obrigações fiscais – confiam na lentidão da Justiça para se manter na vida pública. É lamentável.*

Virgem Maria! A enumeração dos crimes confunde "Germano" com "gênero humano". Pessoas (sanguessugas, mensaleiros) se misturam com condutas (corrupção passiva, formação de quadrilha). Que tal descer do muro? Basta optar por uma ou outra:

> *Deputados federais acusados de crimes contra o patrimônio público – sanguessugas, mensaleiros, vampiros, corruptos passivos, membros de quadrilhas e fraudadores de obrigações fiscais – confiam na lentidão da Justiça para se manter na vida pública. É lamentável.*

Ou

> *Deputados federais acusados de crimes contra o patrimônio público – fraude na compra de equipamentos hospitalares, mensalões, desvios em licitações para compra de derivados de sangue, corrupção passiva, formação de quadrilhas e adulteração de obrigações fiscais – confiam na lentidão da Justiça para se manter na vida pública. É lamentável.*

Existe outro tipo de paralelismo que, desrespeitado, dá nó nas frases. Trata-se da simetria semântica. Veja este exemplo:

> *Fiz duas cirurgias: uma no Rio de Janeiro e outra no nariz.*

A estrutura gramatical merece nota mil. Mas o sentido... Misturaram-se alhos com bugalhos. Xô, satanás!

Partículas de transição

Nos períodos, as orações precisam de nexo. Elas não podem ficar soltas, falando sozinhas. O truque para engatá-las está no uso de elos chamados conetivos. São partículas de transição que, como o nome diz, permitem a passagem lógica de uma ideia para outra. Se uma se rompe, adeus, sentido.

Por isso, um dos cuidados do editor é a escolha da conjunção, locução ou advérbio que melhor traduza o vínculo das ideias. Tomemos este parágrafo, que analisa pesquisa sobre resultados do programa Bolsa Família:

> *Estudo dos especialistas Sergei Soares, Ricardo Paes de Barros e Marcelo Néri, com base em dados de 2004, mostra que os alunos atendidos pelo Bolsa Família frequentam mais a escola que os não beneficiários, além de terem índice menor de abandono dos estudos.*

O autor recorre à locução *além de* para incluir, de última hora, nova informação ao enunciado. Como acrescentou uma ideia, a partícula é de adição. O autor poderia ter optado por outra estrutura. O texto ficaria assim:

> *Estudo dos especialistas Sergei Soares, Ricardo Paes de Barros e Marcelo Néri, com base em dados de 2004, mostra que os alunos atendidos pelo Bolsa Família frequentam mais a escola que os não beneficiários do programa. Mostra, também, índice menor de abandono dos estudos.*

Viu? O *também* é, como o *além de*, partícula de adição. Mas, cá entre nós, o período ganhou charme. Por duas razões. Uma: ficou mais curto. A outra: ficou mais claro.

Leia, agora, este parágrafo:

> *Os defensores da reforma ortográfica da língua portuguesa alegam causas nobres para as alterações. Segundo eles, a expulsão do pobre trema e dos acentinhos daqui e dali promoveriam milagres dignos de Cristo. Pra começo de conversa, traçaram quatro objetivos: melhorar o intercâmbio cultural entre os países lusófonos, reduzir o custo da produção e tradução de livros, facilitar a difusão bibliográfica e de outras tecnologias, aproximar as nações de língua portuguesa.*

Compare-o com este:

> *Os defensores da reforma ortográfica da língua portuguesa alegam causas nobres para as alterações. Segundo eles, a expulsão do pobre trema e dos acentinhos daqui e dali promoveriam milagres dignos de Cristo. Pra começo de conversa, traçaram quatro objetivos. Um: melhorar o*

intercâmbio cultural entre os países lusófonos. Dois: reduzir o custo da produção e tradução de livros. Três: facilitar a difusão bibliográfica e de outras tecnologias. O último: aproximar as nações de língua portuguesa.

Viu? O texto cita quatro causas que justificariam a reforma ortográfica da Língua Portuguesa. Na primeira versão, elas aparecem apenas ordenadas. Na segunda, são introduzidas por partículas de transição: um, dois, três, o último. Melhor, não?

Há partículas de transição para todos os gostos porque o uso de uma ou outra altera o sentido do enunciado. Quer ver?

> ❯ *Maria cozinha para toda a família. Não temos empregada.*

Apresentadas separadamente, imagina-se que a segunda oração explique a primeira. Se "Maria cozinha para toda a família" é porque "não temos empregada", certo? Certo. Mas essa não é a única leitura possível. Veja:

> ❯ *Maria cozinha para toda a família enquanto não temos empregada.*

> ❯ *Maria cozinha para toda a família quando não temos empregada.*

Com a conjunção *enquanto*, a situação de Maria (que cozinha para toda a família) é temporária. Durará enquanto a família não encontrar empregada. Com o *quando*, a situação é eventual. Maria só cozinha quando a família não tem empregada.

Conclusão: a maneira como as ideias se juntam muda o sentido da mensagem. Olho vivo!

Centopeias e labirintos

O seguinte exemplo foi extraído da redação apresentada por aluno do curso de jornalismo político do Centro Universitário de Brasília:

> *Na manifestação realizada em frente ao Congresso Nacional na terça-feira passada, um grande número de metalúrgicos, mais ou menos 60 mil, ligados à Central Única dos Trabalhadores (CUT), empregados em fábricas de máquinas, eletrodomésticos, entre outras, exigem reposição salarial e um aumento salarial de 4%.*

Confuso, não? O período é longo e tortuoso. Traz muitas informações ao mesmo tempo, aos borbotões. O leitor tem a sensação de estar numa corrida de obstáculos. Não por acaso enunciados desse time se chamam labirínticos ou centopeicos.

Parecem mesmo uma centopeia, tamanho o número de "pernas" acrescidas à oração principal. Que tal ordenar o caos? Venha, facão! Venha, pé de cabra! Bem-vinda, clareza!

> *Cerca de 60 mil metalúrgicos participaram de manifestação da CUT em frente ao Congresso Nacional na terça-feira. Eram empregados de fábricas de autopeças, eletrodomésticos e tratores que exigiam, além de reposição salarial, aumento de 4%.*

Observe outro exemplo de cruz-credo, ainda sobre o programa Bolsa Família:

> *Como o processo de acompanhamento, além de ainda incipiente, obedece a etapas bastante rígidas, que vão desde a advertência até o cancelamento dos benefícios, com uma visão de evitar ao máximo a exclusão de uma família, o programa, em sua grande parte, ainda tem características meramente assistencialistas.*

Ufa! A ideia central é esta:

> *o programa tem características assistencialistas.*

A esse enunciado básico, o autor acrescentou estas informações:

• *O processo de acompanhamento (do programa Bolsa Família), ainda incipiente, obedece a etapas bastante rígidas.*

• *As etapas de acompanhamento vão desde a advertência até o cancelamento dos benefícios.*

Anatomia da frase

• Elas são rígidas para evitar ao máximo a exclusão de uma família.

• Portanto, o programa é, em grande parte, assistencialista.

O resultado de tantas informações juntas não poderia ser outro. É a senhora centopeia no pedaço para confundir o leitor. O uso de várias orações atreladas sem nexo claro funciona como trem descarrilado. Assim, na edição, não poupe pontos. "Um período longo", ensinou Vinicius de Moraes, "não é nada mais que dois curtos":

> *O processo de acompanhamento, ainda incipiente, obedece a etapas bastante rígidas. Elas vão desde a advertência até o cancelamento dos benefícios para evitar ao máximo a exclusão de uma família. O resultado é um programa, em grande parte assistencialista.*

Abra os olhos. Na edição de períodos labirínticos, é preciso levar em conta a ideia central do autor, que deve ser o fio condutor das demais. A estruturação das orações altera o sentido do texto. Tomemos uma narrativa com os seguintes ingredientes:

a) *João visita o Rio de Janeiro pela primeira vez.*

b) *Ele morreu em Copabacana.*

c) *Uma bala perdida matou João.*

O autor tem inúmeras possibilidades de contar a história. Ele pode, por exemplo, valorizar o fato de João estar em visita pela primeira vez ao Rio de Janeiro. O enunciado ficaria assim:

> *Na sua primeira visita ao Rio de Janeiro, João foi morto por uma bala perdida em Copabacana.*

Digamos que o autor quisesse destacar o fato de João ter sido morto por uma bala perdida. A redação seria esta:

> *Uma bala perdida matou João em Copacabana. Era sua primeira viagem ao Rio de Janeiro.*

> *João foi morto por uma bala perdida em Copacabana. Era sua primeira visita ao Rio de Janeiro.*

Viu? A intenção modifica as frases. O autor dá ênfase a fatos diferentes. Escala-os segundo a relevância de cada um. A razão é simples: a ordem e a organização dos períodos não são aleatórias. Obedecem a um objetivo. Ao editar o texto, privilegie a ideia principal. As outras seguirão a chefona.

Coerência

Na comunicação entre os casais, dizer e fazer devem andar juntos. No mundo das frases também. Elas precisam dizer coisa com coisa. A falta de coerência é sinal de divórcio. Veja:

> *A criança dormia tranquila no berço enquanto os pais corriam de um lado para outro atrás de um brinquedo para sossegá-la.*

Se a criança dormia tranquila, não faz sentido os pais buscarem um brinquedo para sossegá-la. Uma ideia não conversa com a outra. A edição exige o uso do facão: uma das orações será cortada sem choro nem vela.

Trilhos das ideias

"A ortografia não faz o gênio."
Stendhal

Acima das palavras e das orações, o que dá sustentação ao texto é a organização das ideias em parágrafos. A estrutura dos blocos tem a mesma função dos trilhos dos trens. Por eles passam os comboios das orações e períodos. As frases precisam ser conduzidas de forma harmoniosa pelos precipícios, vales e montanhas. Sem isso, um texto pode se transformar num amontoado de ideias sem rumo – bem escritas, mas soltas ao vento.

A redação dos parágrafos constitui recurso fundamental do texto. É também instrumento importante de edição. Em muitos casos, mudanças simples – como trocar frases de lugar ou decompor ideias – conferem clareza, eloquência e elegância ao recado.

Na era da comunicação digital, o parágrafo parece relegado a segundo plano. As letrinhas passaram a ser tratadas como elementos gráficos em páginas eletrônicas. Não precisam ser lidas, mas vistas. Na busca da beleza, cortam-se frases e separam-se ideias sem preocupação com o sentido lógico do enunciado.

Profissionais que dependem da escrita para sobreviver não podem se entregar a tal luxo. Advogados, jornalistas, administradores, estudantes, executivos têm de comunicar ideias. Para atingir o objetivo, precisam organizar a mensagem.

Trata-se de trabalho sofisticado porque a estrutura de um texto depende de muitas variáveis como conteúdo, objetivo, complexidade do tema e o próprio talento de quem escreve. Os redatores hábeis podem recorrer a trilhos tortuosos. Os mais limitados devem ater-se a vias simples e diretas. Ambos chegarão ao destino.

Não há nada mais clássico do que a regrinha de ouro que recomenda utilizar um parágrafo para cada ideia. E, como regrinha de prata, que se dê vez a parágrafos curtos. Na passagem de um bloco para outro, o leitor respira, tira um tempo para assimilar o que foi dito e recupera o fôlego para outro percurso da viagem.

Parece fácil. Mas é impressionante como gente boa ou nem tanto se atrapalha na hora de pôr o preto no branco. Como os trilhos dos trens, os parágrafos têm cruzamentos, interrupções e paradas bruscas. Nem sempre seguem uma linha reta. Conduzir o leitor até a estação final é tarefa árdua. Mas há técnicas para chegar lá.

Ponto de partida: o parágrafo

Você tem um livro por perto? Abra-o em qualquer página. Repare que o texto é dividido em parágrafos. Eles dão um recado ao leitor. Dizem que ali, em cada bloco, está desenvolvida uma ideia. Uma só. Por isso é uma unidade de composição. Nela há uma ideia central. E tantas secundárias quantas forem necessárias para sustentá-la.

Há jeitos e jeitos de redigir parágrafos. O mais seguro é o padrão. Ele tem duas partes. A introdução, chamada tópico frasal, mata a cobra. Anuncia a ideia-núcleo. O desenvolvimento mostra o pau. Sustenta o tópico. Como? Cita exemplos, apresenta causas ou consequências, faz comparações, analogias, confrontos.

Quer ver?

> *Gonzaga Negreiros está zangado. Pela primeira vez, ele, a mulher e a filha não vão passar o Dia das Mães com a família em São Raimundo Nonato, no Piauí. O pagamento não saiu. Sem dinheiro, adeus, viagem.*

O parágrafo tem unidade? Tem. Trata de um só assunto: a zanga de Gonzaga Negreiros. No tópico frasal (1º período), diz que ele está zangado; nos outros períodos, o porquê da zanga. Perfeito.

Analise outro exemplo:

> *Cinco mil pessoas terão um Dia das Mães um pouco mais gordo. O governador anunciou que o limite salarial para os funcionários que vão receber abono passou de R$ 500,00 para R$ 600,00.*

No tópico frasal, o autor anuncia o assunto – cinco mil pessoas terão um Dia das Mães um pouco mais gordo. No desenvolvimento, diz o porquê: o aumento do limite salarial para os funcionários que receberão o abono.

Examine mais um:

> *O que as crianças aprenderam nas aulas de catecismo? Júlia e Adriana decoraram os dez mandamentos. Pedro se convenceu de que o roubo não compensa. Vanessa descobriu que pecado é não ter amor à vida.*

O tópico frasal, aí, faz uma pergunta. O desenvolvimento responde-a citando exemplos. Um deles: o de Júlia e Adriana. Outro: o de Pedro. O último: o de Vanessa. Palmas para o parágrafo.

Conclua com este, adaptado de editorial do *Jornal do Brasil*:

> *No Rio, há pequenos delitos para todos os gostos. Um deles: furto nos sinais de trânsito. Outro: embaraço à livre circulação de pessoas pelos muros de mercadorias armados pelos camelôs. Mais um: extorsão mediante ameaça – declarada ou tácita – praticada pelos flanelinhas. Em dias de jogo no Maracanã, eles chegam a cobrar R$ 10 ou R$ 20 para "tomar conta do carro". O último, mas não menos importante: a cidade, loteada pelo crime organizado, também é vítima do mapeamento de ruas e esquinas feito pelo pequeno delinquente.*

Viu? O tópico frasal afirma que no Rio de Janeiro ocorrem pequenos delitos ignorados pelas autoridades. O desenvolvimento sustenta a declaração com quatro exemplos. Eles são introduzidos por partículas de transição, que facilitam – e como! – a vida do leitor: *um deles, outro, mais um, o último*.

As estações: desenvolvimento do parágrafo

Escrever bom parágrafo tem duas vantagens. A primeira: dá prova de maturidade linguística. A segunda: ajuda a redigir textos de qualidade. Criança é incapaz de escrever tópico frasal com desenvolvimento. Para ela, cada frase é um parágrafo. Mais tarde, com observação e treino, aprende a agrupar as ideias.

Quando chega ao vestibular, está crescida e vacinada. Sabe que o parágrafo constitui unidade de composição. Então, amplia o tópico. Recorre a várias estratégias. Uma delas: cita exemplos. Outra: apresenta razões ou consequências. Mais uma: decompõe a ideia nas respectivas partes. Vamos a elas.

Citação de exemplos

> ▶ *As opiniões sobre o Programa de Avaliação Seriada (PAS) divergem. Paulo da Silva, diretor do Colégio Franco, achou o teste abrangente. Saulo Dias, professor de geografia, considerou-o parcial. Fábio Duarte, professor de inglês, observou que a prova valorizou a decoreba.*

Reparou? O tópico frasal define a ideia-núcleo do parágrafo – as diferentes opiniões sobre o PAS. O desenvolvimento cita três exemplos para sustentá-lo: a opinião do diretor do Colégio Franco, a do professor de Geografia e a do professor de Inglês.

▸ *O amor e o casamento têm seus provérbios. Todo homem apaixonado é poeta. Quem ama o feio bonito lhe parece. Amor e tosse não dá para esconder. Se você quer elogio, morra; se quer crítica, case-se.* (Nelson Carlos Teixeira)

Moleza, não? O tópico frasal anuncia o assunto do parágrafo – a existência de provérbios sobre o amor e o casamento. O desenvolvimento sustenta-o. Enumera quatro exemplos.

Guarde esta dica: a citação de exemplos é a melhor estratégia que existe. Abuse dela sem cerimônia. O texto ficará concreto; o leitor, agradecido.

Apresentação de razões

▸ *Por que os estudantes têm dificuldade de escrever? Uma das razões é a falta de leitura. Outra, a falta de treino. A escola deve sanar ambas as deficiências.*

O tópico frasal pergunta por que os alunos acham difícil escrever. O desenvolvimento responde. Apresenta duas razões: falta de leitura e falta de treino.

▸ *O estudante pobre, que tinha poucas chances de entrar na universidade, mas, ainda assim, perseguia esse objetivo, pode desistir. As primeiras vagas estão – e sempre estiveram – reservadas para os ricos. As últimas agora estão reservadas aos negros graças ao duvidoso critério da cor. Qualquer pessoa sob o enigmático rótulo de parda poderá usufruir dessas vagas, independentemente da origem social. A lógica da "reparação" despe um santo para vestir outro. No caso, para que serve despir um estudante para dar de vestir a outro que não está necessariamente nu?*

Simples, não? O tópico frasal anuncia um fato – o estudante pobre pode desistir de lutar por uma vaga na universidade pública. O desenvolvimento diz o porquê: as vagas estão reservadas aos ricos ou aos negros. Os demais sobram.

Decomposição

> Como se divide o sujeito em português? O sujeito pode ser simples, composto e indeterminado. O simples tem um núcleo. O composto, mais de um. O indeterminado ninguém sabe. Há um sujeito, mas só Deus consegue apontá-lo.

Viu? O tópico frasal faz uma pergunta. O desenvolvimento, ao respondê-la, recorre à decomposição. Divide o todo em partes. Depois retoma-as uma por uma. Fácil, não? Vale lembrar: a citação de exemplos não esgota o assunto. A decomposição, ao contrário, vai até o fim.

Mais um exemplo? Ei-lo. A estratégia está tão na cara que dispensa comentários:

> As palavras, como os remédios, podem matar. O artigo indefinido é uma delas. Medicamento de tarja preta, deve ser usado em doses homeopáticas. Ele amortece a força do substantivo, tornando-o vago, impreciso e desmaiado. Em 99% das frases, o pequenino é dispensável. Seja sovina ao empregá-lo. Seu texto ganhará em graça e elegância.

Falhas dos parágrafos

Você pode construir o parágrafo com uma estratégia. Ou misturá-las. Mas precisa ter três cuidados.

 O primeiro: amarre os períodos. Uma frase tem de conversar com a outra. Se alguma ficar de fora, sem diálogo, abra o olho. Há algo errado.

O segundo: evite a fragmentação – isolar ideias que deveriam estar juntas.

 O último, mas não menos importante: fuja da acumulação. Não agrupe ideias que têm de estar separadas.

Fragmentação

Examine o seguinte texto, escrito por uma estudante de jornalismo:

> *Minhas melhores lembranças de infância estão relacionadas ao perfume de frutas.*
>
> *O cheiro de coco me faz lembrar os bolos de aniversário que a minha mãe fazia. Enquanto meus amiguinhos se lambuzavam com chocolate, eu comemorava com quitutes branquinhos, salpicados de raspas de coco fresco e suculento.*
>
> *O aroma das goiabas me lembra a goiabeira em que eu costumava subir quando criança. Havia um galho lá no alto, cômodo como um sofá. Chegava a ele trepando no muro, depois me dependurava num galho grosso e jogava o corpo para cima. Pronto: lá ficava, a viajar pelo mundo, no cume da goiabeira.*
>
> *Coco e goiaba são as minhas frutas favoritas.*

Pobre parágrafo! Parece um corpo esquartejado: a cabeça pra lá, o tronco pra cá, os membros pracolá. O autor do estrago fragmentou a ideia central – as memórias da infância. O primeiro período se encarrega do recado. É o tópico frasal. Os demais o complementam.

Cada um trata de um aspecto. O primeiro é o cheiro de coco. O segundo, de goiaba. Eles explicam como as duas frutas contribuem para reavivar a memória infantil da autora. Finalmente, o último período funciona como conclusão. Que tal recompor a criatura?

> *Minhas melhores lembranças de infância estão relacionadas ao perfume de frutas. O cheiro de coco me faz lembrar dos bolos de aniversário que a minha mãe fazia. Enquanto meus amiguinhos se lambuzavam com chocolate, eu comemorava*

com quitutes branquinhos, salpicados de raspas de coco fresco e suculento. O aroma da goiaba me lembra a goiabeira em que eu costumava subir quando era criança. Havia um galho lá no alto, cômodo como um sofá. Chegava a ele trepando no muro, depois me dependurava num galho grosso e jogava o corpo para cima. Pronto: lá ficava, a viajar pelo mundo, no cume da goiabeira. Coco e goiaba são as minhas frutas favoritas.

O texto poderia ter outras estruturas. São caminhos diferentes que conduzem ao mesmo destino. Ao escolher um deles, a autora dá o mesmo recado – as lembranças da infância trazidas pelos odores.

Eis um jeito:

> ▶ *O cheiro de goiaba me lembra a goiabeira em que eu costumava subir quando era criança. Havia um galho lá no alto, cômodo como um sofá. Chegava a ele trepando no muro, depois me dependurava num galho grosso e jogava o corpo para cima. Pronto: lá ficava, a viajar pelo mundo, no cume da goiabeira.*
>
> *E o perfume do coco? Me faz lembrar dos bolos de aniversário que a minha mãe fazia. Enquanto meus amiguinhos se lambuzavam com chocolate, eu comemorava com quitutes branquinhos, salpicados de raspas de coco fresco e suculento.*
>
> *Minhas melhores lembranças de infância estão relacionadas ao aroma de frutas. Coco e goiaba são as minhas favoritas. Até hoje, mantenho a preferência.*

Os períodos são quase os mesmos, mas a organização é outra. Dessa vez, optamos por iniciar a narrativa com informações secundárias até chegar à ideia central. Em vez de um, três parágrafos. Cada um desenvolve uma ideia. O primeiro: o cheiro de goiaba. O segundo: o cheiro de coco. O último: a conclusão.

Que tal este?

> ▶ *Quais são as suas melhores lembranças de infância? As minhas estão relacionadas ao cheiro das frutas. Coco e goiaba são as minhas favoritas.*

O cheiro de goiaba me lembra a goiabeira em que eu costumava subir quando era criança. Havia um galho lá no alto, cômodo como um sofá. Chegava a ele trepando no muro, depois me dependurava num galho grosso e jogava o corpo para cima. Pronto: lá ficava, a viajar pelo mundo, no cume da goiabeira.

E o perfume do coco? Me faz lembrar dos bolos de aniversário que a minha mãe fazia. Enquanto meus amiguinhos se lambuzavam com chocolate, eu comemorava com quitutes branquinhos, salpicados de raspas de coco fresco e suculento.

O segredinho dessa engenharia é abrir a introdução com uma pergunta. Ela funciona como tópico frasal ao mesmo tempo em que inclui o leitor no relato. Em linguagem digital, poderíamos dizer que o escritor utilizou técnica interativa de comunicação – estimulou o receptor a pensar nas memórias infantis.

Acumulação

▶ *A Universidade de Brasília acaba de receber os primeiros estudantes cotistas. Se vão ou não ser bons alunos, se terão ou não o mesmo desempenho dos demais estudantes, é discussão secundária. O tempo se encarregará de esclarecer as questões. A pergunta que nem a UnB nem as entidades interessadas nas cotas se dispõem a responder é outra. Quem vai reparar os danos dos prejudicados pela reserva de vagas? Um conhecimento mínimo da realidade social do nosso país permitiria a qualquer responsável por políticas públicas saber quais as pessoas excluídas da boa universidade. Os negros estão incluídos no grupo. Mas estão longe de monopolizar mais essa forma de exclusão. O que exclui os nossos jovens da universidade é a pobreza. Embora os negros representem grande contingente entre os menos favorecidos, têm companheiros das mais diversas cores na mesma situação. Percebe-se que a UnB não se preocupou em saber que cor têm*

os milhares de nordestinos que vivem no Distrito Federal e não se sentam nos bancos de uma das melhores instituições de ensino superior do país. A maioria deles é branca e pobre, campeã de analfabetismo neste Brasil tão pouco letrado.
(redação de estudante da UnB)

Ufa! "Quero tempo", suplica o leitor. Com razão. Sufocado pelo acúmulo de informações, o coitado clama por pausa entre as ideias. Em bom português: pede parágrafos. Como escrevemos para ser lidos, entendidos e apreciados, nada melhor que atendê-lo.

 Primeiro passo: ler o texto com atenção.

Segundo: separar as ideias.

Terceiro: reorganizá-las.

Vamos lá?

> *A Universidade de Brasília acaba de receber os primeiros estudantes cotistas. Se vão ou não ser bons alunos, se terão ou não o mesmo desempenho dos demais estudantes, é discussão secundária. O tempo se encarregará de esclarecer as questões. A pergunta que nem a UnB nem as entidades interessadas nas cotas se dispõem a responder é outra. Quem vai reparar os danos dos prejudicados pela reserva de vagas?*
>
> *Conhecimento mínimo da realidade social do nosso país permitiria a qualquer responsável por políticas públicas saber quem são as pessoas excluídas da boa universidade. Os negros estão incluídos no grupo. Mas nem de longe monopolizam mais essa forma de exclusão. O que exclui os nossos jovens da universidade é a pobreza. Embora representem grande contingente entre os menos favorecidos, os afrodescendentes têm companheiros das mais diversas cores na mesma situação.*
>
> *Percebe-se que a UnB não se preocupou em saber que cor têm os milhares de nordestinos que vivem no Distrito Federal e não se sentam nos bancos de uma das melhores instituições de ensino superior do país. A maioria deles é branca e pobre, campeã de analfabetismo neste Brasil tão pouco letrado.*

Veja outro exemplo de acumulação. No primeiro momento, o autor deixou as ideias fluírem, sem preocupação de organizá-las coerentemente. Depois, diante do mar de informações, precisou enfrentar o desafio de transformá-las num texto com unidade, coerência, clareza e, claro, charme.

> *O Brasil superou muitos desafios desde 1990. No campo econômico colheu vitórias sobre problemas que o atormentavam havia várias décadas. Controlou a inflação em um processo longo e desgastante. Enfrentou crises internacionais e sobreviveu. Praticamente eliminou a vulnerabilidade externa, tornando-se muito mais seguro para o futuro dos brasileiros e para os investidores. Mas, mesmo com tantos avanços, não conseguiu desatar o nó que mais diretamente atinge os trabalhadores: o desenvolvimento. Tendo controlado tantas ameaças, o país pode se debruçar sobre o debate de termos um crescimento mais acelerado e atingirmos um grau de desenvolvimento social mais satisfatório. O tema foi levantado de forma pertinente pelo governo ao lançar o Programa de Aceleração do Crescimento (PAC). É uma iniciativa louvável, por mais que os administradores públicos estejam enredados nas limitações e dificuldades de ações do setor estatal. A iniciativa dos governos federal, estaduais e municipais são imprescindíveis para criar um ambiente que permita um crescimento condizente com as necessidades do país e seus milhões de desempregados. Mas a maior parte do trabalho de levar o país adiante está nas mãos das empresas. São elas que contratam trabalhadores e pagam a maioria dos impostos que fazem a economia girar. Além disso, cumprem um papel importante ao complementar as atuações do governo com projetos sociais e ambientais. Cobrem, portanto, parte das insuficiências do atendimento público e beneficiam milhões de pessoas melhorando suas condições como cidadãos.*

Nossa Senhora, que selva! Como atravessá-la? Precisamos abrir caminhos.

Primeira providência: conhecer o terreno. Do que trata o texto? Uma leitura atenta informa que o assunto gira em torno dos desafios impostos ao Brasil. O país venceu muitos desde 1990. Mas, até agora, não desatou o nó do desenvolvimento sustentável. É hora de fazê-lo. A tarefa está nas mãos do governo e dos empresários.

 Segunda providência: separar as ideias:

1. apresentar o tema

2. citar os avanços

3. referir o desafio atual

4. apontar a forma de vencê-lo

Cada item, claro, merecerá um parágrafo. Comecemos pela introdução. A abertura é a parte do texto que pega ou perde irremediavelmente o leitor. Para segurar personagem tão requisitado, impõe-se encontrar uma forma que lhe chame a atenção.

Pode ser uma pergunta, uma citação, uma alusão histórica. No nosso exemplo, o assunto é desafios. Optamos pela etimologia da palavra. A origem curiosa do vocábulo sintetiza o esforço dos governantes e empresários na luta para fazer o Brasil crescer.

> *Desafio é a palavra que mais se aproxima da realidade dos empresários brasileiros. O vocábulo tem a mesma origem de fé. Mas é o seu oposto. Primeiro significou desconfiança. Depois, incitação à luta. Por fim, duelo. Outra não é a história do empreendedor nacional. Confiante na pujança do país, ele investe recursos, energia e talento. Espera colheita generosa, traduzida em crescimento da receita, ampliação da oferta de empregos, incentivo à inovação.*
>
> *Antes da chegada dos frutos, porém, obstáculos de difícil transposição se interpõem no caminho. Carga tributária elevada, juros altos, insegurança jurídica, burocracia asfixiante, infraestrutura precária contribuem para criar ambiente hostil ao empreendedorismo. São desafios que, longe de abalar a confiança, estimulam a competição*

e o combate. Nos últimos 15 anos, vencemos muitas batalhas. Controlamos a inflação em processo longo e desgastante. Enfrentamos crises internacionais. Eliminamos a vulnerabilidade externa tornando-nos mais seguros para os investidores.

Os avanços foram muitos. Mas não suficientes. Falta desatar o nó que mais atinge os trabalhadores — o desenvolvimento contínuo e sustentado. O Brasil está maduro para crescer com celeridade e segurança. Consciente do novo cenário, o governo alçou o tema à condição de prioridade ao lançar o Programa de Aceleração do Crescimento (PAC). É iniciativa louvável, necessária e urgente. Mas, para atingir o objetivo a que se propõe, exige o concurso efetivo dos setores público e privado.

União, estados e municípios precisam aliar-se para tornar a atmosfera propícia a crescimento condizente com as necessidades do país e dos milhões de desempregados. A dimensão do problema, porém, é grande demais para ser deixada sob a responsabilidade apenas do governo. O trabalho maior de levar a tarefa adiante está nas mãos das empresas. São elas que contratam trabalhadores e pagam os impostos que fazem a economia girar. Mais: complementam a atuação governamental com projetos sociais e ambientais. Cobrem, assim, parte das insuficiências do atendimento público e beneficiam milhões de pessoas com a prática da cidadania. São empreendedores que venceram o desafio e mantiveram a fé.

Os parágrafos ficaram muito longos? É possível diminuí-los sem cometer o pecado da fragmentação. Basta dividir uma ideia em subideias. Às vezes, uma secundária ganha relevo. Outras, o tópico frasal se desenvolve em mais de uma etapa.

Num e noutro caso, observe três mandamentos.

 O primeiro: os blocos devem ter mais ou menos o mesmo tamanho.

O segundo: devem ter mais de um período.

O terceiro: devem ter unidade e coerência.

Observe o resultado:

> ▶ *Desafio é a palavra que mais se aproxima da realidade dos empresários brasileiros. O vocábulo tem a mesma origem de fé. Mas é o seu oposto. Primeiro significou desconfiança. Depois, incitação à luta. Por fim, duelo.*
>
> *Outra não é a história do empreendedor nacional. Confiante na pujança do país, ele investe recursos, energia e talento. Espera colheita generosa, traduzida em crescimento da receita, ampliação da oferta de empregos, incentivo à inovação.*
>
> *Antes da chegada dos frutos, porém, obstáculos de difícil transposição se interpõem no caminho. Carga tributária elevada, juros altos, insegurança jurídica, burocracia asfixiante, infraestrutura precária contribuem para criar ambiente hostil ao empreendedorismo.*
>
> *São desafios que, longe de abalar a confiança, estimulam a competição e o combate. Nos últimos 15 anos, vencemos muitas batalhas. Controlamos a inflação em processo longo e desgastante. Enfrentamos crises internacionais. Eliminamos a vulnerabilidade externa, tornando-nos mais seguros para os investidores.*
>
> *Os avanços foram muitos. Mas não suficientes. Falta desatar o nó que mais atinge os trabalhadores – o desenvolvimento contínuo e sustentado. O Brasil está maduro para crescer com celeridade e segurança. Consciente do novo cenário, o governo alçou o tema à condição de prioridade ao lançar o Programa de Aceleração do Crescimento (PAC).*
>
> *É iniciativa louvável, necessária e urgente. Mas, para atingir o objetivo a que se propõe, exige o concurso efetivo dos setores público e privado. União, estados e municípios precisam aliar-se para tornar a atmosfera propícia a crescimento condizente com as necessidades do país e dos milhões de desempregados.*
>
> *A dimensão do problema, porém, é grande demais para ser deixada sob a responsabilidade apenas do governo. O*

trabalho maior de levar a tarefa adiante está nas mãos dos empresários. São eles que contratam trabalhadores e pagam os impostos que fazem a economia girar.

Mais: complementam a atuação governamental com projetos sociais e ambientais. Cobrem, assim, parte das insuficiências do atendimento público e beneficiam milhões de pessoas com a prática da cidadania. São empreendedores que venceram o desafio e mantiveram a fé.

Incoerência

Ao editor compete garantir a coerência dos enunciados. Em outras palavras: dizer coisa com coisa. A introdução dá o norte. O desenvolvimento segue-o. Se o escritor defende um ponto de vista na abertura, a sequência tem de apresentar argumentos capazes de sustentá-lo. Se faz perguntas, as respostas devem vir logo adiante. Só assim, articulando as partes como ganchos que prendem os vagões, garante-se ao trenzinho uma viagem tranquila até o destino final.

Veja este texto, que introduz uma redação sobre turismo:

> ▶ *A cidade brasileira mais bonita é o Rio de Janeiro. Chamá-la de maravilhosa não constitui generosidade mas justiça. Ela reúne praias de areia branca, montanhas verdejantes e vida urbana intensa, com restaurantes de nível internacional.*
>
> *Copacabana, praia por excelência do Rio, está aí para provar as belezas da cidade. Celebrada em prosa e verso no mundo inteiro, sedia hotéis cinco estrelas e reúne a maior parte dos turistas. Para além da Favela da Rocinha, estão as praias da Barra da Tijuca, dando um ar meio Miami ao lugar, com muito cimento e prédios altos.*
>
> *Deixando as praias para trás, pode-se caminhar pela Floresta da Tijuca, subir ao Corcovado ou tomar o bondinho do Pão de Açúcar para ser inundado pela mata verde. Os mais ousados ainda escalam a pedra da Gávea, ou saltam de asa delta.*

O primeiro parágrafo deixou clara a opinião da autora. Segundo ela, o Rio de Janeiro é a cidade mais bonita do Brasil. O texto sustenta o ponto de vista apresentado.

Ponto final

As estratégias de organização dos parágrafos descritas aqui não esgotam o assunto. Abrem trilhas. Iluminam trechos. Sinalizam retas e curvas. Se você vai editar os próprios escritos, o desafio é definir uma rota que lhes garanta a coerência e a unidade.

As palavras e as frases podem ser tratadas de forma independente. Mas o texto final é a soma dos períodos dispostos de maneira a conquistar o leitor e a manter-lhe a atenção até o ponto final. Eis a verdadeira plataforma de desembarque da viagem fascinante chamada escrita.

Parte II

Pontos & Cia.

> *"Sinais de pontuação são como os de estrada. Se tivéssemos menos deles, haveria por certo menos acidentes porque as pessoas fariam tudo mais devagar e com maior atenção."*
> José Saramago

Os sinais gráficos – vírgulas, pontos, travessões, parênteses – não caíram do céu nem saltaram do inferno. Foram criados. Vieram ao mundo por necessidade da expressão. Sem os recursos da língua falada, que também fala com o tom da voz, os silêncios, a gesticulação, as caras e bocas, a escrita buscou compensações. A vírgula indica pausa curta. O ponto, parada mais longa. O ponto e vírgula fica em cima do muro. Não é tão breve que se confunda com a vírgula. Nem tão longo que pareça ponto. Equilibra-se no fio da navalha.

Mas o texto é exigente. Não se contenta só com pausas. Precisa dar outros recados. Às vezes diz que o enunciado é pra lá de importante. Abre-lhe as honras do travessão. Outras, considera a informação secundária. Esconde-a entre parênteses. A neutralidade também encontra respostas. Sua melhor representante é a discreta vírgula.

Pra quem sabe ler, ponto é letra, diz o povo sabido. A recíproca é verdadeira. Quem sabe tirar partido das manhas da língua homenageia o leitor. Dá-lhe oportunidade de ir além de orações e períodos burocraticamente corretos. Desvenda-lhe o universo das nuanças. Entre elas, o dos sinais gráficos.

Vírgula, a discreta

A vírgula, como a crase, não foi feita pra humilhar ninguém. A longa vida do sinalzinho lhe deu sabedoria demais para não se contentar com pegadinhas. Ele nasceu no latim. Na língua dos Césares, queria dizer varinha. Também significava pequeno traço ou linha. Mais tarde virou sinal de pontuação. Indica pausa rápida, menor que o ponto.

Ao longo dos séculos, o emprego do danadinho suscitou celeumas. Alguns afirmam que usá-lo ou esnobá-lo é questão de gosto. A gente o exibe onde tem vontade. Outros dizem que se trata de respiração. Parou pra inspirar o ar? Pronto. Taca-lhe a vírgula. Aí surge um problema. Como os gagos e os asmáticos se viram?

Há também os virgulinos. Eles se opõem à economia. Esbanjam o sinal – seja obrigatório, seja facultativo. É o caso do amanuense Borjalino Ferraz. Dedicado, estudou o assunto anos a fio. Aprendeu. E transformou o conhecimento em poder. O poder, em autoritarismo. O autoritarismo, em obsessão. Não deixava passar uma. Um dia, o chefe reclamou:

– Desse jeito, você acaba com o estoque. O município não tem dinheiro pra comprar vírgulas novas.

O puxão de orelhas entrou por um ouvido e saiu pelo outro. O prefeito não pôde fazer nada. Funcionário estável, Borjalino continuou esnobando o saber em ofícios e memorandos. Apareceu uma brecha? Lá estava a gloriosa senhora com o pé no freio do enunciado.

Quem não goza do privilégio da estabilidade só tem uma saída. Precisa desvendar o mistério da temida pausa. Uma vez conhecido, fica a certeza – o leão é manso como o gatinho lá de casa. Afinal, o emprego da vírgula obedece a três regras. Ela separa:

- termos e orações coordenados
- termos e orações explicativos
- termos e orações deslocados

A coordenação, um ao lado do outro

Coordenado significa ordenado ao lado do outro. Imagine que você esteja no cinema. Há vários espectadores. Um é independente do outro. Cada um tem sua cabeça, suas pernas, seus olhos. Eles escolhem um lugar e sentam-se. Para não ficarem embolados, um espaço ou o descanso da poltrona os separa. Os cinéfilos ficam coordenados.

A língua copia a vida. Na frase, também aparecem termos independentes. A única relação entre eles é estarem postos um ao lado do outro. Sempre que numa oração aparecer mais de um sujeito, mais de um objeto, mais de um adjunto, haverá termos coordenados. Como os espectadores do cinema, eles precisam ser separados. Como? Há dois jeitos.

Um deles é recorrer à vírgula.

O outro, pedir ajuda à conjunção.

Eis exemplos:

- *Pedro, Rafael e João Marcelo* (sujeito composto) *foram ao cinema.*
- *Adoro cinema, teatro, música e livros* (objeto composto).
- *Maria viaja de trem, carro, ônibus, avião* (adjunto adverbial composto).

Na separação dos termos compostos, existe um brincalhão. É o *e*. A conjunçãozinha brinca de esconde-esconde. Ora aparece. Ora some. É capricho? Não. Ela manda um recado aos leitores.

> Examine as duas frases:
>
> ▷ *No mercado, comprei laranja, pera, maçã, abacate e figo.*
>
> *No mercado, comprei laranja, pera, maçã, abacate, figo.*
>
> Entenda a malandragem. A presença do *e* diz: comprei só as frutas enumeradas. Nenhuma mais. A ausência significa que comprei outras frutas além das citadas. Funciona como o *etc*.

Orações coordenadas

Lembra-se das conjunções coordenativas? São as cinco que, em tempos idos e vividos, os alunos recitavam de cor e salteado. Refresque a memória:

   aditivas: *e, nem*

   adversativas: *mas, porém, todavia, contudo, no entanto*

   alternativas: *ou, ou; ora, ora*

   explicativas: *pois, que, porque*

   conclusivas: *pois, portanto, logo*

Assim como existem termos coordenados, existem as orações coordenadas. Elas se dividem em dois grupos.

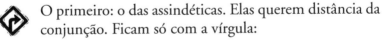
   O primeiro: o das assindéticas. Elas querem distância da conjunção. Ficam só com a vírgula:

▷ *Cheguei, vi, venci.*

▷ *Trabalho, estudo, viajo.*

▷ *Tomei banho, vesti a roupa nova, fui ao cinema.*

Reparou? As assindéticas lembram pessoas sentadas em cadeiras sem encosto para os braços. Pra não ficarem emboladas, uma pequena distância as separa. É a vírgula.

   O segundo grupo é o das sindéticas. Essas são gulosas que só. Exigem a conjunção e a vírgula. É dose dupla:

- *O candidato falou muito, mas não convenceu.*
- *Ou estuda, ou trabalha.*
- *Feche a porta, que vai chover.*
- *Penso, logo existo.*

O capricho do e

Voltemos à imagem dos sentadinhos S.A. Os sindéticos jogam no time dos hedonistas. Querem conforto e prazer. Nada melhor que encostos pra descansar os braços. Afinal, ninguém é de ferro.

Cadê o *e*? O pequenino ficou de fora? Ficou. Ele detesta excessos. Econômico, dispensa a vírgula:

- *Trabalho e estudo.*
- *Vou a Pernambuco e depois à Paraíba.*
- *Morei em São Paulo e, passados 10 anos, me mudei pra Porto Alegre.*

Há exceções? Há. Só num caso o *e* vai de dose dupla. Aí, impõe duas condições.

 Uma: sujeitos diferentes

A outra: a possibilidade de provocar confusão

- *O Iraque atacou o Kuweit e os Estados Unidos reagiram.*

Percebeu? O período tem orações com sujeitos diferentes. Um é *Iraque*. O outro, *Estados Unidos*. Uma leitura rápida dá a impressão de que o Iraque atacou o Kuweit e os Estados Unidos. Nada feito. A ambiguidade é pecado mortal. Como escapar das chamas do inferno? A vírgula salva:

- *O Iraque atacou o Kuweit, e os Estados Unidos reagiram.*

 Atenção, marinheiros de poucas viagens. A vírgula aparece antes da conjunção. Não depois.

A explicação, dose dupla

O termo explicativo tem várias caras. Uma é velha conhecida. Chama-se aposto. Lembra-se?

> ▶ *D. Pedro II, imperador do Brasil, morreu em Paris.*

Os professores dizem que o aposto não faz falta. Pode cair fora. Verdade? É. Ele facilita a vida do leitor. Mas a ausência da segunda dose não causa prejuízo ao entendimento da frase. Se eu não sei quem é D. Pedro II, tenho saída. Dou uma espiadinha num livro de história. Está tudo ali.

Compare as frases:

> ▶ *O presidente da República, Luiz Inácio Lula da Silva, prepara outra reforma ministerial.*

> ▶ *O ex-presidente da República Fernando Henrique Cardoso cobra US$ 50 mil por palestra.*

Por que um nome vem entre vírgulas e outro não? É capricho? Não. O segredo está no antecedente do nome. No primeiro caso, é *presidente da República*. Quantos existem? Só um. *Luiz Inácio Lula da Silva* é termo explicativo. Funciona como aposto. Daí as vírgulas.

Mas há mais de um ex-presidente. Se eu não disser a quem me refiro, deixo o leitor numa enrascada. Posso estar falando de José Sarney, Itamar Franco. Aí, só há um jeito: dar nome ao boi. *Fernando Henrique Cardoso* é termo restritivo. Rejeita a vírgula.

Exemplos não faltam:

> ▶ *A capital do Brasil, Brasília, tem 2,2 milhões de habitantes* (o Brasil tem uma só capital).

> ▶ *O ministro da Fazenda, Guido Mantega, depôs na CPI* (só há um ministro da Fazenda).

> ▶ *O ex-ministro da Fazenda Rubens Ricupero ficou famoso pela indiscrição parabólica* (há um montão de ex-ministros da Fazenda. Ricupero é um deles).

> ▶ *A Fundação Getúlio Vargas do Rio oferece cursos de economia* (Há mais de uma Fundação Getúlio Vargas).

Clareza

A língua volta e meia apresenta desafios. Em alguns enunciados, a gente se vê num beco sem saída:

> ● *Meu filho Marcelo estuda na universidade.*

Restritivo ou explicativo? Depende. Do quê? Do antecedente do termo *Marcelo*. Eu tenho um filho ou mais de um filho? Se um, o termo é explicativo. Se mais de um, restritivo.

Analise os períodos:

> ● *Minha mãe, Rosa, mora em São Paulo.*

> ● *Minha tia Maria chega amanhã; minha tia Carla vem na próxima semana.*

Viu? Eu só tenho uma mãe. *Rosa* é termo explicativo. Tenho mais de uma tia. *Maria* e *Carla* são termos restritivos.

Atenção, moçada. Não fique pela metade. O termo explicativo vem presinho da silva. Ora, entre vírgulas. Ora, entre a vírgula e o ponto. Os travessões também servem:

> ● *Dom Casmurro, de Machado de Assis, é obra-prima do Realismo brasileiro.*

> ● *Comprei um EcoSport, carro da Ford.*

> ● *Moro em Brasília – a capital do Brasil – desde 1968.*

Oração explicativa

A língua é um conjunto de possibilidades. Flexível, a danada detesta monotonia. Oferece vários jeitos de dizer a mesma coisa. Veja:

> ● *O aluno **estudioso** tira boas notas.*

> ● *O aluno **que estuda** tira boas notas.*

As frases dizem que há alunos e alunos. Não é qualquer um que tira boas notas. Só chega lá quem se debruça sobre os livros. Numa, o termo restritivo é adjetivo (*estudioso*). Noutra, oração adjetiva (*que estuda*). O tratamento mantém-se. Nada de vírgula.

Com as explicativas ocorre o mesmo:

▶ *O homem, **mortal**, tem alma imortal.*

▶ *O homem, **que é mortal**, tem alma imortal.*

É isso. A questão – restritiva ou explicativa – vai além da vírgula. Implica ler e escrever melhor. Em outras palavras: supõe mandar e entender recados com eficácia. Há pouco o vestibular da UnB explorou a capacidade dos candidatos de compreender a diferença entre o essencial e o acessório. Eis o teste:

▶ *Os cinco filhos de José que chegaram do Rio estão hospedados em casa de amigos.*

A pergunta: quantos filhos tem José?

( ) Cinco.   ( ) Mais de cinco.

E agora? Quem responde é a oração. Restritiva ou explicativa? Sem vírgulas, é restritiva. Então José tem mais de cinco filhos. Se fossem só cinco, "que chegaram do Rio" estaria no cercadinho.

Montaigne, há 400 anos, escreveu: "O estilo deve ter três virtudes: clareza, clareza, clareza". Identificar o termo explicativo e restritivo não constitui só problema de correção. Muitas vezes afeta a clareza.

Deslocamento, cada macaco no meu galho

Imagine a cena. Gisele Bünchen desfila galhardamente na passarela – cabeça erguida, ombros eretos, barriga chupada, bumbum encaixado. De repente, não mais que de repente, tropeça. Levanta-se rápido. Desconfiada, olha pra lá e pra cá. Continua a marcha como se nada tivesse acontecido. Mas o estrago está feito.

A frase também tropeça. Basta pôr certa vírgula em certo lugar. Mais precisamente: basta provocar o adjunto adverbial que está quietinho, lá no fim da oração. Ou o predicativo, cuja posição é depois do verbo. Ou a conjunção coordenativa, que nasceu pra introduzir a oração. Deslocá-los significa mexer num vespeiro. Exige proteção.

Pontos & Cia.

Adjunto adverbial

Na ordem direta, o adjunto adverbial (o termo que indica circunstância – causa, tempo, modo, lugar, comparação, conformidade) vem no fim da frase. Aí, não aceita vírgula.

- ❯ *A gripe aviária* (sujeito) *matou* (verbo) *duas pessoas* (objeto) *na Tailândia* (adjunto adverbial de lugar).

- ❯ *O governo* (sujeito) *ganhou* (verbo) *a guerra dos preços* (objeto) *por enquanto* (adjunto adverbial de tempo).

- ❯ *Flamengo e Vasco* (sujeito) *jogam* (verbo) *domingo* (adjunto adverbial de tempo) *no Maracanã* (adjunto adverbial de lugar).

- ❯ *Eu* (sujeito) *encaminho* (verbo) *o documento* (objeto) *em anexo* (adjunto adverbial de modo).

Mas nem sempre o adjunto adverbial é comportado. Irrequieto, o traquinas muda de lugar. Ora vai para o começo da oração, ora para o meio. Aí, sim, vírgula nele. O sinal indica o deslocamento do arteiro.

- ❯ *Na Tailândia, a gripe aviária matou duas pessoas.*
  A gripe aviária, na Tailândia, matou duas pessoas.
  A gripe aviária matou, na Tailândia, duas pessoas.

- ❯ *Por enquanto, o governo ganhou a guerra dos preços.*
  O governo, por enquanto, ganhou a guerra dos preços.
  O governo ganhou, por enquanto, a guerra dos preços.

- ❯ *Domingo, no Maracanã, Flamengo e Vasco jogam partida decisiva.*
  Flamengo e Vasco, domingo, no Maracanã, jogam partida decisiva.
  Flamengo e Vasco jogam, domingo, no Maracanã, partida decisiva.

- ❯ *Em anexo, encaminho o documento solicitado.*
  Encaminho, em anexo, o documento solicitado.

Oração adverbial

As orações adverbiais não fogem à regra. Quando vêm depois da oração principal, estão no lugar delas. Nada de vírgula:

- ▶ *O Judiciário pode interferir na eleição para evitar confronto.*
- ▶ *Paulo retirou-se da sala quando o presidente entrou.*
- ▶ *O carro agradou a todos porque apresenta design moderno e bom desempenho.*

Se mudarem de lugar, usurpam a casa dos outros. Vírgula, pois:

- ▶ *Para evitar confronto, o Judiciário pode interferir na eleição.*

    O Judiciário, para evitar confronto, pode interferir na eleição.

    O Judiciário pode, para evitar confronto, interferir na eleição.

- ▶ *Quando o presidente entrou, Paulo retirou-se da sala.*

    Paulo, quando o presidente entrou, retirou-se da sala.

- ▶ *Porque apresenta design moderno e bom desempenho, o carro agradou a todos.*

- ▶ *O carro, porque apresenta design moderno e bom desempenho, agradou a todos.*

No deslocamento da oração adverbial, a vírgula bate pé. Impõe-se. No do adjunto, faz concessões. Se ele for pequeno, é facultativa. Pequeno? As gramáticas consideram pequeno o adjunto formado de uma só palavra (ontem, hoje, aqui). Os jornais, o que tem até três: *Aqui se fala português. Aqui, fala-se português.*

Predicativo

As orações são como as pessoas. Algumas adoram dar duro. Trabalham tanto que se sobrecarregam. Têm dois predicados – um verbal e outro nominal. O verbal exprime uma ação; o nominal,

Pontos & Cia.

modo de ser do sujeito no momento da ação.O modo de ser se chama predicativo. Identificá-lo parece difícil, mas não é. Basta saber que ele esconde o verbo estar. Observe a manha:

- ▶ *Maria entrou nervosa. Maria entrou (e estava) nervosa.*

- ▶ *O dia amanhece bonito. O dia amanhece (e está) bonito.*

- ▶ *O vento soprava furioso. O vento soprava (e estava) furioso.*

O predicativo dos predicados verbo-nominais joga no time dos advérbios. Os professores o chamam de rabo quente porque não para no lugar. O cantinho dele é depois do verbo. Se passar pra frente, não dá outra. A vírgula pede passagem:

- ▶ *Maria entrou nervosa na sala.*
  Nervosa, Maria entrou na sala.
  Maria, nervosa, entrou na sala.

- ▶ *O dia amanheceu bonito.*
  Bonito, o dia amanhece.
  O dia, bonito, amanhece.

- ▶ *O vento soprava furioso*
  Furioso, o vento soprava.
  O vento, furioso, soprava.

Às vezes, o deslocamento constitui exigência da clareza. É o caso do período:

- ▶ *Encaminho a carta anexa.*

Reparou? O enunciado é ambíguo. Parece que *anexa* é qualidade permanente da carta. Na verdade, o recado é este: *encaminho a carta que está anexa.* A carta não é anexa. Está anexa. A clareza é a maior qualidade do estilo. A ordem direta compromete-a. Dá duplo sentido à frase. Melhor:

- ▶ *Anexa, encaminho a carta.*

Conjunção coordenativa

As conjunções coordenativas têm o cantinho delas. É no começo da oração. Mas nem todas têm a fidelidade do cão. É o caso das adversativas e das conclusivas. Como gatos, ambas adoram mudar de casa. Passam, então, pro time dos deslocados. Ficam entre vírgulas:

> ◗ *Trabalho muitas horas por dia, porém meu salário é baixo.*
> *Trabalho muitas horas por dia; meu salário, porém, é baixo.*

> ◗ *Trabalho muitas horas por dia, portanto meu salário é alto.*
> *Trabalho muitas horas por dia; meu salário, portanto, é alto.*

Vocativo

O ser a quem nos dirigimos é pra lá de elitista. Não se mistura a nenhum termo da oração. É sempre – sempre mesmo – separado por vírgula. Na dúvida, basta antepor-lhe o *ó: Chegou a hora, (ó) Brasília. Pra frente, (ó) Brasil. Avança, (ó) Brasil. Deus, ó Deus, onde estás que não me escutas?*

Etc. e tal

Etc. é coisa de preguiçoso. A gente pode muito bem viver sem ele. Como? A resposta está na conjunção *e:*

> ◗ *Gosto de cinema, teatro e literatura.* (O *e* dá um recado: é só disso que eu gosto.)

> ◗ *Gosto de cinema, teatro, literatura.* (A ausência do *e* indica que gosto de muitas outras coisas. Equivale ao *etc.*)

O *etc.* pede vírgula? Na certidão de nascimento, o *etc.* tem o *e* no nome. É abreviatura de (e) (t)antas (c)oisas. Mas o *etc.* é tão antigo (vem lá do latim) que as pessoas de memória curta lhe esqueceram a origem. Tratam-no como se fosse uma palavra qualquer. Por isso a vírgula é facultativa. É acertar ou acertar:

▷ *Comprei laranja, banana, pera, abacaxi, etc.*

▷ *Comprei laranja, banana, pera, abacaxi etc.*

Etc. tem ponto no final? Tem. Coincide com o ponto no fim da frase? Sem problema. Fique com um só:

▷ *Comprei laranja, maçã, pêssego, abacaxi etc.*

Ponto e vírgula, o sofisticado

Luiz Fernando Veríssimo declarou certa vez que jamais havia usado ponto e vírgula e que o par nunca lhe fizera falta. Está certo. A gente pode viver sem a duplinha. Outros sinais de pontuação quebram o galho. Mas usá-lo pega bem à beça. Denota requinte, sofisticação e domínio do idioma. "Que moça culta a Maria Eduarda: ela usa ponto e vírgula", escreveu Mário Quintana.

A conclusão é acaciana. Se o casalzinho existe, tem razões pra existir. Ele desempenha papéis na frase. Em dois deles cai melhor que vírgulas, pontos ou travessões. Quais?

 O ponto e vírgula separa termos de uma enumeração. Nesse caso, é arroz de festa de leis, decretos, portarias. Até Deus o usou:

▷ *São mandamentos do Senhor:*

• *Amar a Deus sobre todas as coisas;*

• *Não tomar seu santo nome em vão;*

• *Honrar pai e mãe;*

• *Não matar;*

• *Não roubar;*

• *Não desejar a mulher do próximo.*

Reparou? A dupla fica no meio do caminho. No lugar dela poderia estar a vírgula. Ou o ponto. Por isso, muitos nem se preocupam em empregá-la. No aperto, partem pra outra. E se dão bem.

 O ponto e vírgula torna o texto mais claro. Com isso, facilita a vida do leitor. Examine esta frase:

> *João trabalha no Senado, Pedro trabalha na Assembleia, Carlos trabalha no banco, Beatriz trabalha na universidade, Alberto trabalha no shopping.*

A frase está correta e clara. As vírgulas separam as orações coordenadas. Mas a repetição do verbo torna-a cansativa. O que fazer? Há uma saída. A gente mantém o *trabalha* na primeira oração. E mete-lhe a faca nas demais. No lugar dele, põe a vírgula:

> *João trabalha no Senado, Pedro, na Assembleia, Carlos, no banco, Beatriz, na universidade, Alberto, no shopping.*

À primeira vista, o enunciado virou o samba do período doido. Quem bate o olho nele não entende nada. O jeito é recorrer ao ponto e vírgula. Ele separa as orações coordenadas:

> *João trabalha no Senado; Pedro, na Assembleia; Carlos, no banco; Beatriz, na universidade; Alberto, no shopping.*

Chique, não? Veja mais dois exemplos:

> *Eu estudo na USP; Maria, na UnB.*

> *Alencar escreveu romances; Drummond, poesias.*

É isso.

Dois pontos, o abre-alas

Os dois pontos fazem o papel do anjo Gabriel. Anunciam. Gabriel anunciou a gravidez de Maria. Os dois pontos anunciam explicação, enumeração ou a fala direta:

▶ *A questão era esta: nada a fazer.*

▶ *Na feira, selecionou as frutas: banana, laranja, pera, maçã, uva e abacaxi.*

▶ *Fernando Pessoa escreveu: "Navegar é preciso. Viver não é preciso".*

▶ *O diretor foi curto e grosso:*

– Retire-se!

Reparou? Depois de dois pontos pode vir letra maiúscula ou minúscula. Conta o que vem depois. Se for explicação ou enumeração, não duvide. É mixuruca. Se for citação ou frase de alguém, a grandona pede passagem.

Travessão, o realce

Guarde isto: travessão não é hífen. Confundir os dois dá baita dor de cabeça. A gente pensa uma coisa. Sai outra. Ao usá-los, todo cuidado é pouco.

O hífen (-) tem dois empregos:

• liga o pronome átono ao verbo (vende-se, põe-no);

• forma palavras compostas (beija-flor).

O travessão (–) é muito mais versátil. Como Bombril, tem mil e uma utilidades.

 Introduz diálogos:

▶ *Imagino Irene entrando no céu:*

– Licença, meu Branco?

E São Pedro, bonachão:

– Entra, Irene. Você não precisa pedir licença.

- Junta palavras sem formar vocábulo novo:
  - *Ponte Rio–Niterói, ligação Brasília–Goiânia, Fla–Flu, encontro Lula–Serra, entendimentos PFL–PSDB.*
- Separa as datas de nascimento e morte de uma pessoa:
  - *Recife, 1908 – Brasília, 1962.*
- Destaca um termo opaco, escondido. Dá realce ao sem-graça:
  - *O governador conseguiu – até – a adesão dos adversários.*
- Substitui os dois pontos (ao introduzir uma explicação) ou a vírgula:
  - *Eis o grande vencedor: o filme que faturou 300 milhões de dólares.*

    Eis o grande vencedor – o filme que faturou 300 milhões de dólares.
  - *O PFL não aceita ser mulher de malandro – apanhar na Câmara e no Senado.*

    O PFL não aceita ser mulher de malandro: apanhar na Câmara e no Senado.
  - *O Estado do Rio – o mais afetado pelas chuvas – precisa de ajuda.*

    O Estado do Rio, o mais afetado pelas chuvas, precisa de ajuda.

Abra o olho

Usa-se travessão com vírgula? Só num caso. Se o segundo travessão coincidir com a vírgula:

- *Depois da vitória do afilhado – com mais de 50% dos votos –, o padrinho se sentiu forte como Tarzã.*

Sem o travessão, só haveria a vírgula final:

> *Depois da vitória do afilhado com mais de 50% dos votos, o padrinho se sentiu forte como Tarzã.*

> *Quando saiu de casa – lá pela meia-noite –, deixou a família reunida. (Quando saiu de casa lá pela meia-noite, deixou a família reunida.)*

Deu para entender? O casamento da vírgula com o travessão é raro como viúvo na praça. Não confunda. No caso em que podem aparecer duas vírgulas em vez dos dois travessões, a vírgula não tem vez:

> *Redigir – na definição do Aurélio – é escrever com ordem e método. (Redigir, na definição do Aurélio, é escrever com ordem e método.)*

Parênteses, a desqualificação

Os parênteses são as grandes vítimas da escola: "Errou e não pôde apagar?", perguntam os professores. Ponha entre parênteses. Os pobres alunos aprendem a lição. E repetem-na ao longo da vida. Resultado: dão informações falsas, perdem pontos em concurso, adiam a entrada na universidade.

Ao usar os parênteses, você dá um recado: a palavra, expressão ou oração neles contida é secundária, acessória. Entrou ali de carona. Não faz falta. É, em geral, uma explicação, uma circunstância incidental, uma reflexão, um comentário ou uma observação:

> *O senador Eduardo Suplicy (PT-SP) é autor do projeto da renda mínima.*

> *A maioria dos aeroportos brasileiros não tem (quem diria) sistema de controle de bagagem.*

- *No acidente com o avião da TAM (9 de junho) morreu uma pessoa.*

- *Recife (ou o Recife) foi palco de manifestações dos sem-terra na semana passada.*

Como fica a pontuação?

 O ponto vai fora quando a expressão encerrada nos parênteses for um pedaço da oração:

- *Estão com a corda no pescoço três governadores brasileiros (Minas Gerais, Alagoas e Santa Catarina).*

- *Ameaçam o abastecimento de água de Brasília os 48 mil lotes próximos à Barragem do Descoberto (muitos deles irregulares).*

 O ponto vai dentro quando os parênteses englobam toda a oração:

- *Débora Machado persegue os namorados até concretizar o romance. (Vai em cima com tudo sem se importar se ele quer ou não.)*

- *As pessoas obsessivas fazem qualquer coisa para obter o que desejam. (Elas não sabem perder.)*

Aspas, o urubu do texto

O detalhe faz a diferença. Um texto caprichoso não nasce ao acaso. É fruto da atenção plena. Pormenores aparentemente sem importância ganham relevo. Vale o exemplo das aspas. Ora as danadas abrigam o ponto. Ora deixam-no de fora. Como saber?

 Se o período começa e termina com aspas, o ponto vai dentro da duplinha:

- *"Não existe crime organizado. Existe polícia desorganizada." A afirmação é de Millôr Fernandes.*

Se o período começa antes da citação, o ponto é intruso. Fica de fora:

- *Ninguém acredita na desculpa de que "parafuso frouxo detonou o apagão".*

Pontos de interrogação ou exclamação que integram a frase citada ficam dentro das aspas:

- *Uma pergunta deve orientar os redatores: "O que eu quero com meu texto?"*

Reparou? Nada de dose dupla. O ponto da citação vale para o período.

Ponto, o sedutor

Vírgula? Ponto e vírgula? Na dúvida, use ponto. O minúsculo sinal faz milagres. Em primeiro lugar, facilita a vida do autor. Períodos menores restringem as probabilidades de tropeços em conectivos, vírgulas e correlações verbais. Em segundo, afasta obstáculos da frente do leitor. Ele lê sem dificuldade cerca de 200 toques até que os olhos peçam uma pausa. Sem ela, precisa voltar atrás. Resultado: perde a paciência e o prazer do texto – pior castigo para quem escreve.

O uso de pontos constitui ótimo recurso para evitar períodos cheios de centopeias e labirintos (veja páginas 41 e 42). Gerúndios, quês e demais muletas que encompridam a frase não resistem a um ponto. Se seu período ultrapassar os 180-200 toques, acenda a luz vermelha. Dê marcha a ré e divida o grandão.

Veja exemplos:

- *O Ministério do Desenvolvimento, Indústria e Comércio Exterior divulgou o saldo da balança comercial correspondente ao período de janeiro a outubro de 2004, que é de US$ 3,007 bilhões, somando no acumulado do ano o montante de US$ 79 bilhões nas vendas externas, valor recorde para o período, sendo superior ao registrado em todo o ano de 2003, que foi de R$ 73,084 bilhões.*

Ufa! Haja fôlego e disposição de ir e vir para entender o enunciado. Que tal dar adeus a gerúndios e quês? A tesoura e o ponto estão a postos para fazer o que devem – facilitar a leitura:

> *O Ministério do Desenvolvimento, Indústria e Comércio Exterior divulgou o saldo da balança comercial correspondente aos meses de janeiro a outubro de 2004. A cifra bateu nos US$ 3,007 bilhões. No acumulado do ano, o montante atinge US$ 79 bilhões, valor recorde para o período, superior ao registrado em todo o ano de 2003 – US$ 73,084 bilhões.*

> *O estudante pobre, que tinha poucas chances de entrar na universidade, mas ainda assim perseguia esse objetivo, pode desistir porque as primeiras vagas estão como sempre estiveram reservadas para a elite econômica do país, sendo que as últimas, que dispensam bom desempenho, agora estão reservadas pelo duvidoso critério da cota a qualquer pessoa sob o enigmático rótulo de "parda" podendo ela usufruir dessas vagas independentemente da origem social, lembrando Lampedusa que disse que é preciso mudar para ficar tudo na mesma.*

Nossa! Pobre leitor! Tenhamos pena do coitado. Ele precisa de tempo para respirar e, com o cérebro oxigenado, entender a revoltada mensagem do autor. Uma varrida nos quês, nos gerúndios e em certas conjunções abre as janelas da compreensão:

> *O estudante pobre, com poucas chances mas muita vontade de entrar em boa universidade, pode desistir do objetivo. As primeiras vagas estão – como sempre estiveram – reservadas para a elite econômica do país. As últimas, que dispensam bom desempenho, estão destinadas aos candidatos de baixa renda pelo duvidoso critério da cota. Qualquer pessoa pode usufruir da benesse independentemente da origem social. É, como disse o italiano Giuseppe Lampedusa, o jeito de mudar pra ficar tudo na mesma.*

Resumo da ópera

Três velhinhos viviam juntos. Um dia, um deles morreu. A polícia chegou para saber o que tinha acontecido. O mais falante explicou:

– Ele pegou aquele livro azul e começou a ler. Empalideceu. Suou. Ficou avermelhado, depois roxo e morreu.

Dois dias depois, outro do trio deu adeus à vida. A polícia voltou ao local. O sobrevivente contou:

– Aconteceu a mesma coisa que da outra vez. Ele pegou aquele livro azul, abriu-o, começou a ler. Empalideceu. Suou. Ficou avermelhado, depois roxo e morreu.

O delegado, impaciente, ordenou ao velhinho:

– Apanhe o livro e leia.

Ele seguiu a ordem. Empalideceu. Suou frio. Ficou avermelhado. Quando o roxo se anunciou, tiraram a obra da mão do coitado, fizeram-lhe massagem no coração e perguntaram:

– O que tem esse livro?

– Ah, doutor, o problema não é ter. É não ter.

– Como assim? O livro não tem nem uma vírgula, nem um ponto, nem um travessão, nem um parêntese.

Conclusão: a ausência de pontos, vírgulas & cia. mata mais que pneumonia.

Verbo, o senhor da fala

*"No princípio era o verbo,
e o verbo estava com Deus,
e o verbo era Deus."*
João, 1:1

Abram-lhe alas. O verbo pede passagem. A mais importante classe de palavras é a única com o poder de formar oração. Há orações sem sujeito. Mas não existe oração sem verbo. Ele fala e diz. Cheio de nuanças, ora afirma objetivo, ora se deixa levar pela subjetividade. Quando necessário, torna-se imperativo. Manda e desmanda. Sem esquecer o tempo, olha pra frente, olha pra trás, ou se situa no aqui e agora.

Tanto poder tem preço. Para dar o recado com as sutilezas que a mente concebe, o falante precisa dominar os sofisticados recursos oferecidos pela língua. Entre eles, as flexões de tempo, modo e voz. Quando usar o indicativo ou o subjuntivo? Por que preferir a voz ativa? Em que situação o presente deve fazer o papel de passado?

Muitas vezes, a escolha vai além do gramaticalmente correto. Não trata só do errado e do certo. Mas do adequado. Eleger o melhor para o contexto passa pelo conhecimento. Implica saber quais as possibilidades da língua. E, entre elas, optar pela forma mais ajustada. A tarefa não é fácil. Mas é possível. Com uma condição: arregaçar as mangas e lutar com as palavras. A luta nem sempre é vã.

O paradigma

Por onde começar? O assunto é pra lá de vasto. Como delimitá-lo? Vale lembrar Lewis Carroll. Em *Alice no país das maravilhas*, o rei e o Coelho Branco conversam. O diálogo dos dois serve de resposta:

> *O Coelho Branco colocou os óculos e perguntou:*
>
> *— Com licença de Vossa Majestade, devo começar por onde?*
>
> *— Comece pelo começo, disse o rei com ar muito grave. E vá até o fim. Então, pare.*

Obedientes, seguimos a orientação. Ponto de partida: identificar se o verbo é vaca de presépio. Significa descobrir se segue o paradigma. Se seguir, será regular. Obedecerá, como a maior parte dos irmãozinhos dele, ao modelo da conjugação. Se pular a cerca, jogará no time dos irregulares. Com eles, todo o cuidado é pouco.

Amar, vender e partir servem de exemplo dos sempre-iguais. Em todos os tempos e modos, mantêm o radical do infinitivo e as terminações de cada conjugação. Observe o presente do indicativo do trio:

> *amo, amas, ama, amamos, amais, amam*
>
> *vendo, vendes, vende, vendemos, vendeis, vendem*
>
> *parto, partes, parte, partimos, partis, partem*

Estar, fazer e *dormir* mostram a cara dos rebeldes. Conjugados no presente do indicativo como os anteriores, apresentam mudanças no radical ou nas desinências:

Verbo, o senhor da fala

> *estou, estás, está, estamos, estais, estão*
> *faço, fazes, faz, fazemos, fazeis, fazem*
> *durmo, dormes, dorme, dormimos, dormis, dormem*

Viu? Os verbos do primeiro grupo conservaram o radical (am-, vend-, part-) e as terminações da equipe. Os do segundo sofrem alterações. *Estar* mantém o radical (est-), mas, comparado com amar, tem desinências diferentes (eu amo, eu estou; eles amam, eles estão). *Fazer* vai mais fundo. Muda no radical (faç-, faz-) e nas desinências (ele vende, ele faz). *Dormir*, por sua vez, altera só o radical (eu durm-, ele dorm-). Uns e outros são irregulares.

A origem

Regular ou irregular? Para facilitar a resposta, existe um atalho. São os três tempos primitivos. O presente do indicativo, o pretérito perfeito e o infinitivo impessoal dão à luz os filhotes, ou seja, os tempos derivados. Indiscretos, eles abrem o jogo. Para saber o time da criatura, basta colocá-la no infinitivo e conjugá-la nas outras duas formas. Se ela permanecer com o mesmo radical e obedecer ao modelo da conjugação (amar, vender, partir), será regular.

Lembrar-se de pais e filhos é fundamental para livrar-se (bem) de enrascadas.

Por exemplo, a gente diz:

> *Quando eu vir Maria*
> ou
> *Quando eu ver Maria?*

A chave da resposta: conhecer a formação dos tempos derivados. Com ela, a solução se oferece escancarada. É que as mudanças na conjugação não são inteiramente caprichosas e independentes. Elas têm lógica.

O desconhecimento da paternidade provoca crimes de lesa-língua. Uma das vítimas da barbárie é o subjuntivo. A coisa está feia. Professores, mestres e doutores ignoram o sofisticado modo. A situação alcançou tal gravidade que mereceu nota fúnebre publicada em jornais e revistas da Europa, França e Bahia. Ei-la:

> *"Machado de Assis, Eça de Queirós, Graciliano Ramos, Clarice Lispector, Guimarães Rosa e Jorge Amado (in memoriam), José Saramago, Lígia Fagundes Telles e João Ubaldo (de lugar incerto e não sabido), Millôr Fernandes, Roberto Pompeu de Toledo, Luís Turiba, Eliane Brum, Alexandre Garcia e todos os cultores da boa linguagem cumprem o doloroso dever de comunicar o falecimento do modo subjuntivo. Vítima de abandono e maus-tratos, ele deixa a família verbal enlutada. Os amigos se unem nesse ato de piedade cultural e protestam contra tão prematura e insubstituível partida."*

Os jornais esnobam a forma há anos. Os políticos nem se fala. A TV provoca um arrepio depois do outro. Charmosos apresentadores dizem sem corar "se ele deter, quando ele ver, assim que ele pôr". Produzidos personagens de filmes e novelas não ficam atrás. São useiros e vezeiros em pisadas como esta:

– Ele nega que faz trapaças.

É o samba dos tempos doidos. O que aconteceu com o português nosso de todos os dias? O subjuntivo morreu da insidiosa moléstia chamada má escola. O azar dele que, frise-se, sempre cumpriu as obrigações a tempo e a hora, foi um só – a ignorância dos tempos primitivos e derivados. A moçada se esqueceu de que os verbos têm pai e mãe. Deu no que deu.

Filhotes do presente do indicativo

O presente do indicativo gerou três filhos fortes e saudáveis. O primeiro é o presente do subjuntivo. O segundo, o imperativo afirmativo. O caçulinha, o imperativo negativo. Com o tempo, os cuidados necessários à manutenção da saúde do trio foram deixados pra trás. Resultado: eles sofrem agressões que os debilitam e maltratam a língua. Que tal lhes restituir a cor e o vigor?

Presente do subjuntivo

Ricardo Freire escreveu na *Época* de 16 de janeiro de 2006 a crônica "Subjuntivo à paulista". Vale a leitura de dois parágrafos:

> *"O subjuntivo – aquele tempo verbal, lembra? Em São Paulo, a exemplo de certas leis, o subjuntivo tradicional nunca pegou. Falar 'que eu traga', 'que eu venha', ou 'que a gente faça' é ainda mais raro que proferir uma frase com todos os devidos plurais.*
>
> *Você sabe que está em São Paulo quando ouve um 'quer que eu venho?', ou um 'quer que eu trago?', ou ainda um 'quer que ele joga fora?' Sem distinção de classe, religião ou fator de proteção solar: você ouve o subjuntivo paulista tanto da boca do seu porteiro quanto da boca do seu chefe."*

Nelson Rodrigues dizia que toda unanimidade é burra. Mas cá entre nós, o que Freire chama de subjuntivo à paulista pode designar o subjuntivo à brasileira. Vale uma estudadinha no assunto.

Quando dar passagem ao presente do subjuntivo? Antes, a gente sabia automaticamente. Ao ouvi-lo em rádio, televisão e na boca de todo mundo, memorizava-lhe o emprego. O professor nem precisava fazer força. A forma pintava com naturalidade. Agora a história mudou. O jeito é arregaçar as mangas. Vamos à luta.

Guarde isto: da 1ª pessoa do singular do presente do indicativo sai o presente do subjuntivo. E dos dois formam-se os imperativos:

Trazer
Presente do indicativo: *trago, trazes, traz, trazemos, trazeis, trazem*
Presente do subjuntivo: *que eu traga, tu tragas, ele traga, nós tragamos, vós tragais, eles tragam*

Pôr
Presente do indicativo: *eu ponho, tu pões, ele põe, nós pomos, eles põem*
Presente do subjuntivo: *que eu ponha, tu ponhas, ele ponha, nós ponhamos, vós ponhais, eles ponham*

Vir

Presente do indicativo: *eu venho, tu vens, ele vem, nós vimos, vós vindes, eles vêm*

Presente do subjuntivo: *que eu venha, tu venhas, ele venha, nós venhamos, vós venhais, eles venham*

Etc. Etc. Etc.

As exceções confirmam a regra. Poucos verbos rebelam-se contra a primeira pessoa do singular do presente do indicativo. Formam o presente do subjuntivo sabe Deus como. São eles:

- *saber (saiba, saibas, saiba, saibamos, saibais, saibam);*
- *querer (queira, queiras, queira, queiramos, queirais, queiram);*
- *dar (dê, dês, demos, deis, deem);*
- *estar (esteja, estejas, esteja, estejamos, estejais, estejam);*
- *ser (seja, sejas, seja, sejamos, sejais, sejam);*
- *haver (haja, hajas, haja, hajamos, hajais, hajam);*
- *ir (vá, vás, vá, vamos, vades, vão).*

Emprego

O presente do subjuntivo aparece em orações subordinadas introduzidas pela conjunção *que*. Para fazer jus ao sofisticado tempo, uma condição se impõe. O verbo da oração principal tem de indicar subjetividade. Em outras palavras: precisa exprimir desejo, ordem, dúvida, pedido. É o caso de *folgar, desejar, mandar, duvidar, temer, dizer, querer, ter medo, sentir, preferir, pedir, proibir.*

Aprecie:

- *Desejamos que você **chegue** mais cedo.*
- *Prefiro que ela **faça** o trabalho antes de sair.*
- *Proíbem que os filhos **saiam** à noite.*
- *Pede que o professor **fale** devagar.*
- *Sinto que ele **desobedeça** aos pais.*
- *Digo-lhe que **faça** o exercício para fixar a fórmula.*

E por aí vai.

Além dos verbos privilegiados, há expressões que exigem o presente do subjuntivo. Valem os exemplos de *é possível, é impossível, é fácil, é difícil, é aconselhável, é importante, é necessário, é provável*:

- ❯ *É possível que o presidente* venha *à inauguração da Bienal.*

- ❯ *É impossível que o governo* crie *os 10 milhões de empregos prometidos.*

- ❯ *É fácil que ele* mude *os hábitos.*

- ❯ *É aconselhável que o estudante* leia *pelo menos um livro por mês.*

- ❯ *É importante que o Estado se* conscientize *da importância do ensino básico.*

- ❯ *É necessário que todos* entrem *na luta contra o trabalho infantil.*

- ❯ *É provável que* viajemos *nas férias.*

Mais: depois do *convém, basta, talvez* e *embora*, abra alas para o presente do subjuntivo:

- ❯ *Convém que os estudantes* memorizem *as desinências verbais.*

- ❯ *Basta que você* aplique *as regras.*

- ❯ *Talvez ele* saiba *a resposta.*

- ❯ *Embora* queira, *duvido que tenha condições de viajar.*

Imperativo afirmativo, o mandão

"Se liga na revisão", manda o Telecurso 2000. Dois tropeços. Uma inferência quentíssima. A equipe da Fundação Roberto Marinho frequentou a mesma escola dos publicitários da DM 9, dona da conta da Antarctica. Lembra-se? Antarctica e Budweiser resolveram juntar os trapos.

O anúncio não deixou por menos. Jornais e revistas do céu, da Terra e do inferno divulgaram o conúbio. A frase escolhida "Diga-me com quem andas e te direi quem és" mistura alhos com bugalhos. Ou seja: a segunda e a terceira pessoa. O Telecurso também.

O que a escola ensinou a eles? Ou melhor: deixou de ensinar? A origem do imperativo, forma que dá ordem, faz pedido, manda e desmanda. O imperativo afirmativo exige atenção plena. Rigoroso, divide as pessoas do discurso em dois grupos. As segundas pessoas (tu e vós), preferidas dos gaúchos, ficam de um lado. As outras (ele, nós, eles), de outro.

O tu e o vós derivam do presente do indicativo. Mas esnobam o -s final. Mais simples, as outras pessoas não dão trabalho. Saem todas do presente do subjuntivo – sem tirar nem pôr. Veja o exemplo do verbo estudar:

Presente do indicativo: *eu estudo, tu estudas, ele estuda, nós estudamos, vós estudais, eles estudam.*

Presente do subjuntivo: *que você estude, que nós estudemos, que vós estudeis, que eles estudem.*

Imperativo afirmativo: *estuda tu, estude você, estudemos nós, estudai vós, estudem vocês.*

Por que o Telecurso 2000 e a Antarctica fugiram da norma culta? Eles fizeram uma salada de pessoas. Juntaram o verbo de segunda com o pronome de terceira:

> ▶ *Diga-me (você) com quem andas (tu) e te (tu) direi quem és (tu).*

Como água e azeite, a mistura não se faz. Fica cada um do seu lado. O pronome da segunda pessoa é *te*; da terceira, *lhe*. Temos liberdade de escolher uma ou outra. Mas não de juntá-las:

> ▶ *Te liga na revisão (tu).*
>
> *Se ligue na revisão (você).*
>
> ▶ *Dize-me com quem andas e te direi quem és.*
>
> *Diga-me com quem anda e lhe direi quem é você.*

Imperativo negativo, o desmandão

O imperativo negativo é elitista. Não se mistura. Sai todinho do presente do subjuntivo (cria do presente do indicativo):

> ▶ *não estudes tu, não estude você, não estudemos nós, não estudeis vós, não estudem vocês.*

Gonçalves Dias estudou em boa escola. No poema "Canção do exílio", esgrime imperativo e subjuntivo com maestria. Eis uma provinha:

> *Não permita Deus que eu morra,*
>
> *Sem que eu volte para lá;*
>
> *Sem que desfrute os primores*
>
> *Que não encontro por cá;*
>
> *Sem qu'inda aviste as palmeiras*
>
> *Onde canta o sabiá.*

Filhotes do pretérito perfeito

Do tema do pretérito perfeito do indicativo nascem três filhos. Um: o pretérito mais-que-perfeito do indicativo. Dois: o imperfeito do subjuntivo. O último: o futuro do subjuntivo. Como chegar ao tema? Ele sai da 3ª pessoa do plural menos o -ram final. Assim:

Perder
Pretérito perfeito: *eu perdi, tu perdeste, ele perdeu, nós perdemos, vós perdestes, eles perde(ram)*
Tema: perde
Pretérito mais-que-perfeito: *eu perdera, tu perderas, ele perdera, nós perdêramos, vós perdêreis, eles perderam*
Imperfeito do subjuntivo: *se eu perdesse, tu perdesses, ele perdesse, nós perdêssemos, vós perdêsseis, eles perdessem*
Futuro do subjuntivo: *quando eu perder, tu perderes, ele perder, nós perdermos, vós perderdes, eles perderem*

Trazer
Pretérito perfeito: *eu trouxe, tu trouxeste, ele trouxe, nós trouxemos, vós trouxestes, eles trouxe(ram)*
Tema: trouxe
Pretérito mais-que-perfeito: *trouxera, trouxeras, trouxera, trouxéramos, trouxéreis, trouxeram*

Imperfeito do subjuntivo: *trouxesse, trouxesses, trouxesse, trouxéssemos, trouxésseis, trouxessem*
Futuro do subjuntivo: *trouxer, trouxeres, trouxer, trouxermos, trouxerdes, trouxerem*

Voltemos à questão apresentada no início do assunto:

◘ *Quando eu vir Maria.*

ou

Quando eu ver Maria?

Você pode, agora, respondê-la com segurança. Basta lembrar-se de que o futuro do subjuntivo se forma do tema do pretérito perfeito do indicativo com acréscimo da desinência -r. Qual é a forma correta? É isso mesmo: a primeira. Comprove:

Pretérito perfeito: *eu vi, tu viste, ele viu, nós vimos, vós vistes, eles vi(ram)*
Tema: vi
Futuro do subjuntivo: *quando eu vir, tu vires, ele vir, nós virmos, vós virdes, eles virem*

Filhotes do infinitivo

O infinitivo gerou seis filhos:

• o futuro do presente do indicativo: *dormirei, dormirás, dormirá, dormiremos, dormireis, dormirão.*

• o futuro do pretérito do indicativo: *dormiria, dormirias, dormiria, dormiríamos, dormiríeis, dormiriam.*

Dizer, fazer e trazer jogam no time dos adeptos do menor esforço. Na formação dos futuros, deixam uma sílaba no caminho:

◘ *farei, farás, fará, faremos, fareis, farão; faria, farias, faria, faríamos, faríeis, fariam;*

◘ *trarei, trarás, trará, traremos, trareis, trarão; traria, trarias, traria, traríamos, traríeis, trariam*

- o pretérito imperfeito do indicativo: *dormia, dormias, dormia, dormíamos, dormíeis, dormiam*

Exceções: ser (*era, eras, era, éramos, éreis, eram*), verbos cuja 1ª pessoa do singular do presente do indicativo tem um radical terminado em -nh. É o caso de ter (*tenho, tinha, tinhas, tinha, tínhamos, tínheis, tinham*), vir (*venho, vinha, vinhas, vinha, vínhamos, vínheis, vinham*), pôr (*ponho, punha, punhas, punha, púnhamos, púnheis, punham*).

- o infinitivo flexionado: *dormir, dormires, dormir, dormirmos, dormirdes, dormirem*
- o gerúndio: *dormindo*
- o particípio: *dormido*

Os três mais velhos – futuro do presente, futuro do pretérito e pretérito imperfeito do indicativo – são gente boa, fáceis que só. Ninguém tropeça neles. Os problemáticos são os três menores. O gerúndio, o particípio e o infinitivo flexionado armam ciladas que comprometem reputações. Para não cair na arapuca, só há uma receita: conhecer-lhes as malícias. Aviando-a, conseguimos empregá-los com a elegância que eles exigem.

Infinitivo flexionado

Na conjugação, o infinitivo flexionado parece ingênuo. Acrescenta ao infinitivo as desinências próprias:

amar, amares, amar, amarmos, amardes, amarem

fazer, fazeres, fazer, fazermos, fazerdes, fazerem

dormir, dormires, dormir, dormirmos, dormirdes, dormirem

O xis da questão reside no emprego. O português é uma língua única. Tem dois infinitivos: o impessoal e o pessoal. O impessoal é o nome do verbo (cantar, vender, partir, pôr). Não tem sujeito e, por isso, não se flexiona.

Com o pessoal, a história muda de enredo. Ele tem sujeito. E não foge à regra: concorda com ele (para eu viajar, tu viajares, ele viajar, nós viajarmos, vós viajardes, eles viajarem). Quando flexioná-lo? Difícil responder. Os gramáticos não se entendem. Dizem que é questão de eufonia e clareza. A frase precisa soar bem e estar clara.

Rigorosamente, só é obrigatória a flexão quando o infinitivo tem sujeito próprio, diferente do da oração principal:

> *Esta é a última chance de Ronaldinho e Edmílson devolverem a alegria à torcida.*

O sujeito da 1ª oração é *esta*; da 2ª, *Ronaldinho e Edmílson*.

> *Saí mais cedo para irmos ao circo.*

Se o infinitivo não estivesse flexionado (irmos), a frase estaria correta, mas trairia a verdade. Quem vai ao circo não sou eu, mas nós. Quando o sujeito da segunda oração não está expresso, significa que é o mesmo da primeira.

Se o sujeito da oração principal e o da subordinada forem os mesmos, não há necessidade de flexionar o infinitivo:

Saímos (nós) mais cedo para ir (nós) ao circo.

É erro flexionar? Não. Reforça-se o sujeito:

Saímos mais cedo para irmos ao teatro.

Exceção

Examine esta frase:

> *Pressão sindical faz políticos recuar.*

O sujeito da 1ª oração é pressão; o da 2ª, políticos. A regra manda flexionar o infinitivo quando ele tiver sujeito diferente do da oração principal. Mas nem todos são iguais perante as normas.

Alguns são mais iguais. No infinitivo, os mais iguais são os verbos mandar, fazer, deixar, ver e ouvir. Com eles, a flexão é facultativa. Assim, você pode dizer:

- *Vi os dois sair (ou saírem) da sala.*
- *Ouvi os cães latir (ou latirem).*
- *Deixai vir (ou virem) a mim as criancinhas.*
- *Fiz os alunos estudar (ou estudarem) mais.*
- *Governo manda os funcionários faltosos devolver (ou devolverem) o dinheiro.*

Cuidado. A exceção tem limite apertado. Se o sujeito for um pronome átono, acabou a farra do infinitivo. Ele só pode ficar no singular:

- *Vi-os deixar a sala mais cedo.*
- *Ouvi-as chegar.*
- *Deixei-os sair.*
- *Pressão sindical fê-los recuar.*
- *Governo manda-os devolver dinheiro.*

Pegadinha

- *As fantasias são para ser vividas.*

Ser vividas? Serem vividas? Ah, dúvida! Terapeutas conjugais afirmam que, ao trair, homens e mulheres buscam experimentar fantasias difíceis de ser vividas nos arredores do leito conjugal.

Outra vez: difíceis de ser vividas? De serem vividas? É a armadilha do infinitivo. Melhor ir atrás da resposta. Preste atenção ao verbo. Ele é antecedido de preposição? Adote o singular:

- *Esses são os temas a ser tratados.*
- *Há formas a ser desenvolvidas pelos expositores.*
- *Muitas de suas afirmações são abrangentes demais para ser aceitas ao pé da letra.*

▷ *Os presentes foram forçados* a *sair.*

▷ *Os clientes eram obrigados* a *esperar duas horas na fila.*

▷ *As forças militares provocaram agitações e impediram os jornalistas* de *trabalhar.*

▷ *Estudamos* para *aprender.*

▷ *Os trabalhadores pararam* para *reivindicar melhores salários.*

Essa regra tem uma exceção. Uma só. Não está ligada ao certo ou errado. Mas à clareza. Veja a frase:

▷ *Fechamos a janela para não sentir frio.*

Certo? Certíssimo. Gramaticalmente a frase não tem reparos. Quem fechou a janela? Nós. Quem não vai sentir frio? Nós (o sujeito oculto é o mesmo da oração anterior).

Mas digamos que quem vai sentir frio não sejamos nós. No caso, precisamos dizer quem faz o quê. O jeito é flexionar o infinitivo. Fazê-lo concordar com o sujeito a que se refere:

▷ *Fechamos a janela para não sentirem frio.*

 Guarde isto: infinitivo antecedido de preposição? A regra é o singular. A clareza ficou comprometida? Flexione o verbo.

Gerúndio

O gerúndio tem dois empregos pra lá de conhecidos. Um deles: forma locução verbal que indica ação em curso (estou lendo, foi saindo, comeu correndo). O outro: constroi orações adverbiais reduzidas. São estas:
Temporais: Passando pela rua, Maria entrou inesperadamente na loja. (Quando passava pela rua, Maria entrou inesperadamente na loja.)

Causais: Pressentindo que haveria confusão, Rafael antecipou a saída. (Porque pressentiu que haveria confusão, Rafael antecipou a saída.)

Concessivas: Mesmo não sendo alfabetizado, gostava de folhear livros e revistas. (Embora não fosse alfabetizado, gostava de folhear livros e revistas.)

Condicionais: Pensando bem, tudo era muito divertido. (Se pensar bem, tudo era muito divertido.)

Adjetivas: Viu a mulher dando esmola aos pobres. (Viu a mulher que dava esmola aos pobres.)

O gerúndio parece inocente. Mas não é. Lidar com ele exige uma visitinha aos evangelistas. "Orai e vigiai", aconselham eles. Com razão. Essa forma nominal impõe uma série de cuidados. Vamos a eles:

- A oração reduzida de gerúndio exige a posposição do sujeito:
  - *Baixando os juros, a taxa de câmbio vai despencar no dia seguinte (não escreva: os juros baixando...)*

- O gerúndio tem alergia ao *embora*. Embora saindo, embora sendo, embora trabalhando? Valha-nos, Deus! É a receita do cruz-credo. Fique com embora saia, embora seja, embora trabalhe.

- Como oração adjetiva, só o gerúndio progressivo tem vez:
  - *Vi Jesus expulsando os vendilhões do templo (isto é: Vi Jesus que estava expulsando os vendilhões do templo).*

A índole da língua rejeita o emprego do gerúndio não progressivo em orações adjetivas. É o caso de:

- *Recebi uma caixa contendo vinte bombons.*

O gerúndio, aí, não é progressivo (que estava contendo). Corrigindo:

- *Recebi uma caixa com vinte bombons.*
  Recebi uma caixa que continha vinte bombons.

Ufa! "Fujo do gerúndio como o diabo da cruz", confessou Graciliano Ramos. Faça o mesmo. Você acerta. O leitor agradece.

Particípio

A má escola fez vítimas por atacado. Além do subjuntivo, morto e enterrado, outra ganha destaque. Trata-se dos tempos compostos. Os casaizinhos caíram em desuso. Pouca gente sabe empregá-los. Mas eles fazem tanta falta. Que saudade! Antes de decifrar-lhes os segredos, convém dar uma espiadinha nas locuções verbais.

Locução verbal

▷ *O processo fortalecia a competitividade da indústria dos Estados Unidos nos mercados mundiais e deu às potências industriais forte influência no planejamento em muitos países emergentes mesmo depois de* **terem alcançado** *a independência política.*

▷ *O acordo, de novo promovido pelos Estados Unidos,* ***dispunha-se a liberalizar*** *o comércio. Os devedores dos Estados Unidos* ***foram reduzindo*** *as manobras.*

Em cada uma das orações, a ação verbal vem indicada por mais de um verbo. Em outras palavras – por uma locução verbal:

terem alcançado
dispunha-se a liberalizar
foram reduzindo

Os dois verbos expressam uma só ação. O verbo principal – o que realmente expressa a ação, como alcançar, liberalizar e reduzir – vem sempre numa forma nominal:

alcançado – particípio
liberalizar – infinitivo
reduzindo – gerúndio

O verbo que se combina com o mandachuva – no caso, ter, dispor-se e ir – chama-se auxiliar. Ele aparece sempre flexionado em pessoa, número, tempo e modo. Veja:

terem alcançado
(3ª pessoa do plural do infinitivo flexionado)

dispunha-se a liberalizar
(3ª pessoa do singular do pretérito imperfeito do indicativo)

foram reduzindo
(3ª pessoa do plural do pretérito perfeito do indicativo)

Tempos compostos

Entre as locuções verbais, encontram-se os tempos compostos. A duplinha é locução verbal metida a besta. Elitista, só se forma com os auxiliares ter e haver + o particípio. Além disso, sofre de limitação. Sempre – sempre mesmo – indica passado. É um show de nuanças. Quer ver? Compare as orações destacadas:

> ◑ *Pressinto que ele não chegue a tempo.*
>
> *Pressinto que ele não tenha chegado a tempo.*

Os tempos compostos aparecem no indicativo, no subjuntivo e nas formas nominais. Vamos a eles.

Tempos compostos do indicativo

São quatro: o pretérito perfeito, o pretérito mais-que-perfeito, o futuro do presente e o futuro do pretérito. Vamos a eles:

Pretérito perfeito composto

Ingredientes: presente do indicativo do verbo ter ou haver + o particípio do verbo principal:

eu tenho estudado
tu tens estudado
ele tem estudado
nós temos estudado
vós tendes estudado
eles têm estudado

Observe o emprego da duplinha:

- *Ultimamente, o FMI tem socorrido os países endividados da América Latina.*

- *Nestes últimos meses, tenho feito um curso de português a distância.*

- *Tem chovido muito nos últimos anos.*

> O pretérito perfeito composto indica uma ação que se inicia no passado e se prolonga até o presente. Quando dizemos, por exemplo, que o "FMI tem socorrido os países endividados", afirmamos que o FMI começou a socorrer no passado e mantém o socorro.

Pretérito mais-que-perfeito composto

Ingredientes: imperfeito do indicativo do verbo ter ou haver + o particípio do verbo principal:

eu tinha (havia) estudado
tu tinhas (havias) estudado
ele tinha (havia) estudado
nós tínhamos (havíamos) estudado
vós tínheis (havíeis) estudado
eles tinham (haviam) estudado

Eis exemplos:

- *Quando o presidente chegou, o secretário já havia analisado os termos do acordo.*

- *Quando saí, a chuva já havia passado.*

- *Ao mandar a ordem de pagamento, Paulo já tinha conferido o saldo.*

Verbo, o senhor da fala **103**

> O pretérito mais-que-perfeito composto denota uma ação anterior a outra já passada. Assim, no primeiro período, quando o presidente chegou (ação passada), o secretário já havia analisado os termos do acordo. (O secretário analisou os termos do acordo antes de o presidente chegar.)

Futuro do presente composto

Ingredientes: futuro do presente do verbo ter ou haver + o particípio do verbo principal:

eu terei estudado
tu terás estudado
ele terá estudado
nós teremos estudado
vós tereis estudado
eles terão estudado

Veja:

- *Pedro já terá escrito a carta quando eu viajar.*

- *Eu já terei saído quando você chegar.*

- *Os técnicos já terão analisado os documentos quando chegar o dia da reunião.*

- *Ao voltar dos Estados Unidos, o presidente terá mantido muitos contatos. No caso, terão prevalecido os argumentos mais consistentes.*

- *Eu terei lido a carta de intenções antes de viajar.*

- *No fim deste ano, o comércio internacional terá vivido seu maior desafio.*

O futuro do presente composto denota uma ação concluída antes que outra aconteça. No primeiro exemplo, Paulo escreveu a carta antes de eu viajar. Chique, não?

Futuro do pretérito composto

Ingredientes: futuro do pretérito do verbo ter ou haver + o particípio do verbo principal:

eu teria (haveria) cantado
tu terias (haverias) cantado
ele teria (haveria) cantado
nós teríamos (haveríamos) cantado
vós teríeis (haveríeis) cantado
eles teriam (haveriam) cantado

Observe:

▸ *Se pudesse, eu teria lido previamente a nova proposta.*

▸ *Se tivesse recebido o décimo terceiro salário, teria visitado meus pais no recesso do Natal.*

▸ *Caso conseguisse autorização, teria demitido o secretário.*

O futuro do pretérito composto indica uma ação que poderia ter-se realizado no passado, mas não se realizou.

Tempos compostos do subjuntivo

São três: o pretérito perfeito, o pretérito mais-que-perfeito e o futuro. Que tal fazer-lhes uma visitinha?

Pretérito perfeito composto

Ingredientes: presente do subjuntivo do verbo ter ou haver + o particípio do verbo principal:

eu tenha (haja) estudado
tu tenhas (hajas) estudado
ele tenha (haja) estudado
nós tenhamos (hajamos) estudado
vós tenhais (hajais) estudado
eles tenham (hajam) estudado

Veja exemplos:

▻ *Ele espera que o Brasil tenha cumprido as metas.*

▻ *Você duvida que ele haja feito o trabalho?*

▻ *Consta que ele tenha discutido com o superior hierárquico.*

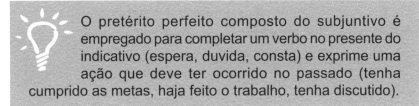

O pretérito perfeito composto do subjuntivo é empregado para completar um verbo no presente do indicativo (espera, duvida, consta) e exprime uma ação que deve ter ocorrido no passado (tenha cumprido as metas, haja feito o trabalho, tenha discutido).

Pretérito mais-que-perfeito composto

Ingredientes: imperfeito do subjuntivo do verbo ter ou haver + o particípio do verbo principal:

eu tivesse (houvesse) estudado
tu tivesses (houvesses) estudado
ele tivesse (houvesse) estudado
nós tivéssemos (houvéssemos) estudado
vós tivésseis (houvésseis) estudado
eles tivessem (houvessem) estudado

Observe:

▻ *Eu teria comprado este casaco se o tivesse visto antes.*

▻ *Se nós tivéssemos ido a Belém, teríamos tomado sopa de tartaruga.*

▶ *Caso tivesse estudado, Marcelo teria conseguido passar no vestibular.*

> O pretérito mais-que-perfeito (composto) do subjuntivo é empregado para indicar uma condição que teria que ser satisfeita no passado (ter visto o casaco, ter ido a Belém, ter estudado) para que se tivesse concretizado a ação principal (comprar o casaco, tomar a sopa de tartaruga, passar no vestibular).

Futuro composto

Ingredientes: futuro do subjuntivo dos verbos ter ou haver + o particípio do verbo principal:

eu tiver (houver) estudado
tu tiveres (houveres) estudado
ele tiver (houver) estudado
nós tivermos (houvermos) estudado
vós tiverdes (houverdes) estudado
eles tiverem (houverem) estudado

Veja:

▶ *Quando nós tivermos chegado, a discussão já terá começado.*

▶ *Se eu não tiver viajado, irei ao escritório do advogado.*

▶ *Comprarei a passagem depois que já tiver recebido o dinheiro.*

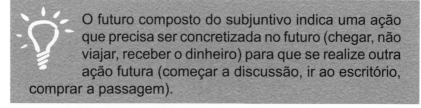

> O futuro composto do subjuntivo indica uma ação que precisa ser concretizada no futuro (chegar, não viajar, receber o dinheiro) para que se realize outra ação futura (começar a discussão, ir ao escritório, comprar a passagem).

Verbo, o senhor da fala · **107**

Formas nominais compostas

Duas formas nominais podem apresentar duplinhas: o infinitivo e o gerúndio.

Infinitivo composto

Ingredientes: o infinitivo dos verbos ter ou haver + o particípio do verbo principal:

eu ter (haver) estudado
tu teres (haveres) estudado
ele ter (haver) estudado
nós termos (havermos) estudado
vós terdes (haverdes) estudado
eles terem (haverem) estudado

Gerúndio composto

Ingredientes: gerúndio dos verbos ter ou haver + o particípio do verbo principal:

Tendo (havendo) estudado

Compare:

- ▶ *Por ter morado vários anos nos Estados Unidos, Paulo sabe falar perfeitamente a língua inglesa.*

  Tendo morado vários anos nos Estados Unidos, Paulo sabe falar perfeitamente a língua inglesa.

- ▶ *Por ter estudado os verbos, eu me exprimo com mais correção.*

  Tendo estudado os verbos, eu me exprimo com mais correção.

- ▶ *Por ter trabalhado muito, conseguimos economizar o suficiente para viajar.*

  Tendo trabalhado muito, conseguimos economizar o suficiente para viajar.

Os outros

A galeria de verbos exibe gama enorme de variedades. Além dos regulares e irregulares, há os muito especiais. Caprichosos, são cheios de artes e manhas. Alguns só se conjugam na 3ª pessoa do singular. São os impessoais. Outros, sovinas, economizam pessoas, tempos ou modos. Trata-se dos defectivos. Há também os generosos. Com mais de uma forma, chamam-se abundantes. A propósito do assunto, Celso Cunha escreveu:

> Há verbos que são usados apenas em alguns tempos, modos ou pessoas. As razões que provocam a falta de certas formas verbais são múltiplas e nem sempre apreensíveis. Muitas vezes é a própria ideia expressa pelo verbo que não pode aplicar-se a determinadas pessoas.

No seu significado próprio, os verbos que exprimem fenômenos da natureza, como chover, trovejar, ventar, só aparecem na 3ª pessoa do singular; os que indicam vozes de animais, como ganir, ladrar, zurrar, normalmente só se empregam na 3ª pessoa do singular e do plural. Os primeiros recebem o nome de impessoais; os últimos, unipessoais.

Outras vezes o desuso de uma forma verbal se deve à pronúncia desagradável ou à confusão com uma forma de outro verbo, de emprego mais frequente. A razões eufônicas atribui-se, por exemplo, a falta da 1ª pessoa do singular do presente do indicativo e, consequentemente, de todas as pessoas do presente do subjuntivo do verbo abolir; a homofonia com formas do verbo falar justifica e a inexistência das formas rizotônicas do verbo falir.

É aí que a porca torce o rabo. Como a caracterização do que é agradável ou desagradável ao ouvido depende do gosto do freguês, há discordâncias entre os gramáticos em estabelecer os casos de lacuna verbal aconselhados por motivos eufônicos. Aos verbos que não têm a conjugação completa consagrada pelo uso chamamos de defectivos.

Verbos abundantes, generosos

Existem verbos generosos e sovinas. Os generosos têm mais de uma forma. No particípio, por exemplo. O particípio regular é comum, igual ao de todos os mortais. Termina em -ado (matado) e -ido (extinguido). O irregular é magrinho, reduzido (morto, extinto).

Valem exemplos de generosidade: aceitar (aceitado, aceito); entregar (entregado, entregue); expressar (expressado, expresso); expulsar (expulsado, expulso); matar (matado, morto); salvar (salvado, salvo); soltar (soltado, solto).

Há mais. Acender (acendido, aceso); benzer (benzido, bento); eleger (elegido, eleito); prender (prendido, preso); romper (rompido, roto); suspender (suspendido, suspenso); concluir (concluído, concluso); imprimir (imprimido, impresso); inserir (inserido, inserto); omitir (omitido, omisso); submergir (submergido, submerso).

Quando usar um e outro?

Tudo tem preço. Os verbos abundantes dão e cobram. Dão variedade de expressão. Cobram especialização no emprego. Use o particípio regular com os verbos ter e haver; o irregular, com ser e estar:

> ● *A polícia tinha (havia) matado o ladrão antes de prendê-lo.*

> ● *O ladrão foi morto antes de ser preso. O ladrão está morto.*

Mais exemplos:

> ● *O governo tinha (havia) expulsado os traficantes estrangeiros.*

> ● *Os traficantes foram expulsos. Estão expulsos.*

> ● *No primeiro turno, os franceses haviam elegido um político conservador.*

> ● *O político conservador seria eleito de qualquer forma. Estava eleito já no primeiro turno.*

Alguns verbos, como as pessoas, não são só generosos. São permissivos. Com eles, não há especialização. Vale tudo. Ou melhor, quase tudo. Por haver uma tendência à economia, certos particípios irregulares empregam-se também com os verbos ter e haver. Quer ver?

Aceitar (ele tinha aceitado ou tinha aceito); eleger (eu tinha elegido ou tinha eleito); salvar (tinha salvado ou tinha salvo); matar (havia matado ou havia morto); frigir (havia frigido ou havia frito).

Quer um conselho? Não se confunda. Fique com a regra geral. Use o particípio regular com ter e haver; o irregular, com ser e estar. Com ela, você acertará sempre.

Atenção ao bolso

Todos são iguais perante a lei? Nem todos. Há os mais iguais. São os privilegiados. Eles podem tudo. É o caso de três verbinhos muito especiais. O trio se relaciona com a parte pra lá de sensível do corpo. O bolso, claro.

Ganhar, gastar e *pagar* são sovinas. Têm dois particípios. Um é regular (ganhado, gastado, pagado). O outro, irregular (ganho, gasto, pago).

Mas os pães-duros dispensam o compridão. (Pra que esbanjar uma sílaba?) No português contemporâneo, só se usam com o particípio irregular. Veja como a forma soa natural:

> ○ *A empresa tinha (havia) ganho a concorrência.*
>
> *A concorrência foi (está) ganha. Viva!*

> ○ *Ao chegar em casa, Paulo tinha (havia) gasto todo o salário. A mulher o mandou passear.*
>
> *O salário de Paulo foi (está) gasto.*

> ○ *Quando chegou à agência, Bia tinha (havia) pago as contas. Pôde, então, trabalhar sossegada.*
>
> *A conta de Bia foi (está) paga.*

E *pegar*? Ele só tinha o particípio regular (pegado), que se usava com qualquer auxiliar (tem pegado, havia pegado, foi pegado, está pegado). Mas o *Aurélio* registrou a forma *pego*. E ela pegou. Praticamente desbancou a outra (foi pego, está pego, havia pego, tinha pego). Feia, não? Fuja dela. Substitua-a por *apanhado*.

Resta a questão: se alguém usar o particípio regular com os auxiliares ter e haver ganha puxão de orelha? É o caso do *tinha ganhado*, *havia gastado* e *tinha pagado*. Não. Mas soa estranho. Sabe por quê? Acontece com a língua o mesmo que com a mulher de César. Ela não só tinha de ser honesta. Precisava parecer honesta. Na língua, a forma não só tem de estar correta. Precisa parecer correta.

Verbos defectivos, os sovinas

Os sovinas jogam no time oposto ao dos generosos. Defectivos, não se conjugam em todas as pessoas e tempos. Os pães-duros se dividem em duas equipes:

 Verbos que não possuem a 1ª pessoa do singular do presente do indicativo e, consequentemente, os tempos e pessoas dela derivados – o presente do subjuntivo, o imperativo negativo e parte do imperativo afirmativo (a 3ª pessoa do singular e plural e a 1ª pessoa do plural).

Repare na conjugação de abolir:
Presente do indicativo: tu aboles, ele abole, nós abolimos, vós abolis, eles abolem
Presente do subjuntivo: –
Imperativo afirmativo: aboli vós
Imperativo negativo: –
Como abolir conjugam-se, entre outros: aturdir, banir, brandir, carpir, demolir, emergir, fulgir, fremir, retorquir.

 Verbos que, no presente do indicativo, só se conjugam nas formas arrizotônicas (pessoas em que o acento tônico da palavra recai na terminação). Eles apresentam duas marcas. Uma: não têm nenhuma das pessoas do presente do subjuntivo nem do imperativo negativo. A outra: têm só a 2ª pessoa do plural do imperativo afirmativo.

Vale o exemplo do verbo falir:

Presente do indicativo: falimos, falis

Presente do subjuntivo: –

Imperativo afirmativo: fali vós

Imperativo negativo: –

No time do falir se conjugam aguerrir, comedir-se, delinquir, foragir-se, remir, adequar, precaver-se e reaver.

Você poderá perguntar: como tapar o buraco deixado por tais verbos? O jeito é substituí-los por outros de sentido equivalente. Diga, por exemplo, "abro falência" em lugar da 1ª pessoa do presente do indicativo do verbo falir. Utilize o regular redimir em vez do defectivo remir. Etc. Etc. Etc. A criatividade e a riqueza de vocabulário são o limite.

Verbos pronominais

Imagine a cena. O presidente da República pede cadeia nacional de televisão. Em pleno horário nobre, olhos firmes na tela, declara:

– Eu exonerei ontem.

Curiosos, os brasileiros perguntariam:

– Exonerou quem?

O mesmo ocorreria se o sorridente Sílvio Santos se vangloriasse:

– Eu distraio aos domingos.

– Distrai quem?, indagariam as tietes enciumadas.

Essa história ocorre com verbos transitivos diretos. Coitados! Incompletos, não conseguem dar o recado sozinhos. Precisam de socorro – o objeto direto que duramente aprendemos na escola. Lembra-se da fórmula?

Tomemos o exemplo de separar. Quem separa *separa* alguém ou alguma coisa.

Camilla separou Diana de Charles. Diana e Charles é o objeto direto.

E o verbo exonerar? Quem exonera exonera alguém. Lula exonerou o ministro. O ministro, no caso, é o objeto direto. E o Sílvio Santos? Quem distrai distrai alguém. O Sílvio distrai o público.

Faz e leva

A língua é cheia de artimanhas. Às vezes a mesma pessoa pratica e sofre a ação. É, ao mesmo tempo, sujeito e objeto direto. Aí, o pronome átono funciona como complemento. Quer ver?

> ● *Eu me feri.*
> Polivalente, o sujeito, *eu*, fere e é ferido. *Me* é o objeto direto.

Exemplos não faltam: acender (alguém acende a luz, mas a luz acende-se), apagar (alguém apaga a luz, mas a luz apaga-se), aposentar (o INSS aposenta o trabalhador, mas o trabalhador aposenta-se), complicar (alguém complica a vida de outro, mas ele se complica), derreter (o calor derrete o sorvete, mas o sorvete se derrete).

Há mais. Encerrar (o apresentador encerra o programa, mas o programa se encerra), esgotar (o repórter esgota a matéria, mas a matéria se esgota), estragar (o sol estraga a fruta, mas a fruta se estraga), esvaziar (o líder esvaziou a sessão, mas a sessão se esvaziou), formar (a universidade forma o aluno, mas o aluno se forma), iniciar (o presidente inicia a reunião, mas a reunião se inicia).

É isso. Quando o sujeito pratica e sofre a ação, o pronome tem de aparecer – firme, inelutável: *eu me separo, tu te separas, Charles se separa, nós nos separamos, Charles e Camilla se separam.*

Atenção, navegantes. Suicidar-se é sempre pronominal. Quem conhece a origem do verbo acha estranho. O caprichoso vem do latim. É formado de *sui* (de si, a si) + *cídio* (matar). Significa matar a si mesmo. No duro, não precisaria do complemento. Mas o teimoso bate pé. Exige o pronome e não abre. Manda quem pode. Obedece quem tem juízo: *eu me suicido, ele se suicida, nós nos suicidamos, eles se suicidam.*

Voz passiva

Leia a frase:

> ● *As três estruturas foram ligadas umas às outras por uma regra que proibia o Banco Mundial de fazer empréstimos a qualquer país que se recusasse a entrar para o FMI ou a obedecer ao GATT.*

Compare-a com:

> *Uma regra que proibia o Banco Mundial de fazer empréstimos a qualquer país que se recusasse a entrar para o FMI ou obedecer ao GATT ligou as três estruturas umas às outras.*

Você notou que, no 2º parágrafo, *uma regra*, sujeito da oração, pratica a ação expressa pelo verbo? Quem ligou? A resposta é o sujeito *uma regra*. Por isso o verbo está na voz ativa.

Já no 1º parágrafo, "As três estruturas foram ligadas umas às outras por uma regra", o sujeito – *as três estruturas* – sofre a ação. É paciente. O verbo está na voz passiva.

Passiva analítica

Há duas maneiras de formar a voz passiva. A primeira, chamada analítica, se constrói principalmente com o verbo auxiliar *ser*. A segunda, denominada sintética ou pronominal, com o pronome apassivador *se*.

Vamos a elas.

Ingredientes: o verbo auxiliar *ser*, conjugado em todas as formas, seguido do particípio do verbo principal:

Compare as duas estruturas:

> *O FMI socorre as nações membros.*
>
> *As nações membros são socorridas pelo FMI.*

> *O FMI socorria as nações membros.*
>
> *As nações membros eram socorridas pelo FMI.*

> *O FMI socorreu as nações membros.*
>
> *As nações membros foram socorridas pelo FMI.*

> *O FMI socorrerá as nações membros.*
>
> *As nações membros serão socorridas pelo FMI.*

> *O FMI socorreria as nações membros.*
>
> *As nações membros seriam socorridas pelo FMI.*

- *O FMI está socorrendo as nações membros.*

  As nações membros estão sendo socorridas pelo FMI.

- *O FMI estava socorrendo as nações membros.*

  As nações membros estavam sendo socorridas pelo FMI.

- *O FMI tem socorrido as nações membros.*

  As nações membros têm sido socorridas pelo FMI.

- *O FMI tinha socorrido as nações membros.*

  As nações membros tinham sido socorridas pelo FMI.

- *Quero que o FMI socorra as nações membros.*

  Quero que as nações membros sejam socorridas pelo FMI.

- *Quis que o FMI socorresse as nações membros.*

  Quis que as nações membros fossem socorridas pelo FMI.

- *Os governos entenderão tudo quando o FMI socorrer as nações membros.*

  Os governos entenderão tudo quando as nações membros forem socorridas pelo FMI.

- *Não podemos financiar o projeto.*

  O projeto não pode ser financiado por nós.

- *O Brasil deve pagar hoje a parcela da dívida vencida.*

  A parcela da dívida vencida deve ser paga hoje pelo Brasil.

- *O relatório precisa revelar a verdade.*

  A verdade precisa ser revelada pelo relatório.

Atenção: aonde a voz ativa vai, a passiva vai atrás. Se numa o sujeito é indeterminado, na outra também será. O agente fica no ar:

- *Emprestaram dinheiro ao Brasil.* (voz ativa)

  Dinheiro foi emprestado ao Brasil. (voz passiva)

Passiva sintética ou pronominal

Compare os períodos. A primeira está construída com o verbo na voz passiva analítica. A segunda, na voz passiva sintética:

> *O programa é discutido.*
>
> *Discute-se o programa.*

Reparou? Forma-se a passiva sintética com o verbo na 3ª pessoa (singular ou plural) + a partícula *se*:

> *Perdeu-se o documento.*
>
> *O documento foi perdido.*

Documento é o sujeito da oração. O verbo concorda com ele.

> *Perderam-se os documentos.*
>
> *Os documentos foram perdidos.*

Documentos é o sujeito. O verbo concorda com ele.

Tanto na passiva sintética quanto na analítica, o verbo concorda com o sujeito. É lei. E lei existe para ser cumprida. Compare:

> *Uma casa é alugada na praia.*
> *Aluga-se uma casa.*

> *Casas são alugadas na praia.*
> *Alugam-se casas.*

> *Motorista seria admitido.*
> *Admitir-se-ia motorista.*

> *Motoristas seriam admitidos.*
> *Admitir-se-iam motoristas.*

Na passiva sintética, se você tiver dúvida quanto à concordância, não se desespere. Nada menos que 99% dos brasileiros passam pelo mesmo aperto. Há saída. Construa a frase na passiva analítica. O verbo manterá o número nas duas vozes:

> *Vende-se carros usados? Vendem-se carros usados?*
> *Carros usados são vendidos.*

Logo:

> *Vendem-se carros usados.*
> (O verbo concorda com o sujeito *carros*)

Compare:

> *Informação será dada.*

Com o troca-troca, teremos:

> *Dar-se-á informação.*
> *Informações serão dadas.*
> *Dar-se-ão informações.*

> *Daqui tudo foi visto.*
> *Daqui se viu tudo.*

> *Brinde era pedido com insistência.*
> *Pedia-se brinde com insistência.*
> *Brindes eram pedidos com insistência.*
> *Pediam-se brindes com insistência.*

> *Talvez o carro seja vendido.*
> *Talvez se venda o carro.*
> *Talvez os carros sejam vendidos.*
> *Talvez se vendam os carros.*

Resumo da ópera: como diz Eno Teodoro Wanke, "No princípio era o verbo. Depois veio o sujeito e os outros predicados – os objetos, os adjuntos, os complementos, os agentes, essas coisas. E Deus ficou contente. Era a primeira oração." Amém.

Pronomes, calos no pé

*"Dê-me um cigarro / Diz a gramática /
Do professor e do aluno / E do mulato sabido //
Mas o bom negro e o bom branco /
Da nação brasileira / Dizem todos os dias /
Deixa disso camarada / Me dá um cigarro."*
Oswald de Andrade

Pronome, pra que te quero? Pra muitas funções. Uma delas: acompanhar o substantivo. E, no galanteio do ir junto, dar-lhe nuanças de posse, sugerir indefinições, indicar situação no espaço e no tempo. Outra: substituir o nome. No papel vicário, assumir as vezes de sujeito, objeto, complemento. A mais importante: dar elegância à frase. Ao ocupar o lugar da segunda mais importante classe de palavras, evita repetições, dá adeus à monotonia, brinda o enunciado com variedade.

Para chegar lá, uma condição se impõe: conhecer as manhas de possessivos, demonstrativos, indefinidos. Um vacilo – a troca de uma letra, a falta ou o excesso de um artigo – pode pôr a perder enorme esforço de pesquisa e redação. O emprego do seu, sua; do este, esse, aquele; de todo, todos, todos os; do lhe, o, a; do si, si mesmo; do onde, cujo, que & cia. são calos no pé. Removê-los exige mais que uma visita ao calista. Pressupõe modéstia, desapego e, sobretudo, vontade de acertar.

Relativos, os dolorosos

Pronomes relativos? Valha-nos, Deus! São o calo mais doloroso da língua. Poucos lhe entendem as manhas. *Que, cujo, onde* & cia. atrapalham jornalistas, advogados, estudantes, executivos. Ninguém escapa. É grave. O relativo tem função pra lá de importante no período. Conhecê-la assegura pontos no vestibular, promoção em concursos, aprovação em mestrados e doutorados. E, de quebra, abre as portas de bons empregos.

O relativo tem compromisso com a elegância. Detesta repetição de palavras. Para evitar a dose dupla, substitui o vocábulo que já apareceu. Se ele indicar lugar, é a vez do *onde*. Se posse, do *cujo*. Na maioria das vezes, do *que*. Veja exemplos:

> ● *A **cidade** fica em Minas Gerais. Na **cidade** chove todos os dias.*

A palavra repetida? É *cidade*. No caso, indica lugar. O *onde* pede passagem:

> ● *A cidade onde chove todos os dias fica em Minas.*

> ● *O **livro** está esgotado. O autor do **livro** recebeu o prêmio Jabuti.*

Livro é o repeteco. Indica posse (seu autor). É a vez do *cujo*:

> ● *O livro cujo autor recebeu o prêmio Jabuti está esgotado.*

> ● *JK foi prefeito de Belo Horizonte. JK construiu Brasília.*

O termo referido antes é *JK*. Funciona como sujeito. Venha, *que*:

> ❯ *JK, que construiu Brasília, foi prefeito de Belo Horizonte.*

> ❯ *Brasília mantém-se moderna quase 50 anos depois de construída. Todos admiramos Brasília.*

Brasília é a dose dupla. No segundo período, funciona como objeto direto. O *que* é o dono do lugarzinho:

> ❯ *Brasília, que todos admiramos, mantém-se moderna quase 50 anos depois de construída.*

> ❯ *O ministro deve deixar o governo em poucos dias. O depoimento do ministro impressionou a CPI.*

O já dito? É ministro. Por indicar posse, pede socorro ao cujo:

> ❯ *O ministro, cujo depoimento impressionou a CPI, deve deixar o governo em poucos dias.*

Preposição, o direito adquirido

Acontece com as palavras o mesmo que com os homens. Algumas têm olho grande. Avançam nos bens das outras. Os relativos são vítimas de roubo pra lá de impiedoso. Muita gente os priva da preposição que os deve anteceder. O resultado é um só. Perde a língua. Perde o leitor.

Vale repetir: o pronome relativo detesta repetição de palavras. Para evitá-la, substitui o vocábulo dose dupla. E, claro, assume a função do termo substituído. Pode ser sujeito, objeto, adjunto, complemento. Se o original for acompanhado de preposição, ela se manterá.

Que termos exigem preposição? Em geral, o objeto indireto e o adjunto adverbial:

> ❯ *A garota mora em Belô. Gosto da garota.*

O termo repetido? *É garota.* Funciona como objeto indireto. (Quem gosta gosta de alguém.) O objeto indireto pede preposição. No caso, *de.* Na substituição, o pronome será objeto indireto e manterá o *de*:

- *A garota de que gosto mora em Belô.*

- *Paulo Coelho faz sucesso na Europa. Os críticos duvidam da qualidade literária de Paulo Coelho.*

Termo repetido: *Paulo Coelho* (indica posse). Funciona como objeto indireto. (Quem duvida duvida *de* alguma coisa.) No troca-troca, o *de* permanece:

- *Paulo Coelho, **de cuja** qualidade literária os críticos duvidam, faz sucesso na Europa.*

- *Na palestra, os presentes puderam apreciar melhor os slides. Na palestra, o expositor se sentou na mesa.*

Termo repetido: *na palestra* (indica lugar). Funciona como adjunto adverbial do objeto indireto. (Quem se senta se senta *em* algum lugar.) O *em* fica firme e forte antes do relativo:

- *Na palestra **em que** o expositor se sentou na mesa, os presentes puderam apreciar melhor os slides.*

- *O livro foi escrito no século 19. Referi-me ao livro.*

Termo repetido – *livro.* Funciona como objeto indireto (quem se refere se refere *a* alguma coisa ou *a* alguém). A preposição original não arreda pé:

- *O livro **a que** me referi foi escrito no século 19.*

Resumo da ópera: quem foi rei nunca perde a majestade. Na reestrutura, a preposição mantém o cetro e a coroa.

Troca-troca, a dança das cadeiras

Os pronomes relativos pegam a moçada pelo pé. Campeões de erros, roubam pontos a granel. O problema é o troca-troca. Estudantes, jornalistas, advogados, executivos, chutam com gosto. O *onde* toma o lugar do *em que, quando, aonde e que.* Ufa! É o fominha da oração. Mas existem outros famintos. Um deles: *que.* Ao menor descuido, lá está ele no papel de outro. O *cujo* é freguês.

Que x cujo

O *cujo* é pra lá de especial. Pra figurar na frase, impõe uma condição – indicar posse. Fora isso, é bom bater em outra freguesia. Examine a caminhada do danadinho:

> ● *A mulher mora em Brasília. O filho **da mulher** morreu no acidente.*

Que tal juntar as duas orações? O pronome relativo se presta ao papel. Ele substitui o termo repetido. Qual é ele? *Mulher.* ***Da mulher*** exprime posse. (Filho de quem? Dela.) O *cujo* pede passagem:

> ● *A mulher **cujo** filho morreu no acidente mora em Brasília.*

Veja esta:

> ● *Paulo Coelho, que os livros fazem sucesso nos cinco continentes, pertence à Academia Brasileira de Letras.*

Cruz-credo! Alguma coisa está mal. O quê? Vamos ao desmembramento do período:

> ● *Paulo Coelho pertence à Academia Brasileira de Letras. Os livros **de Paulo Coelho** fazem sucesso nos cinco continentes.*

Há um usurpador no pedaço. *Que* roubou o lugar de *cujo*. Afinal, ***de Paulo Coelho*** fala de posse:

> ● *Paulo Coelho, cujos livros fazem sucesso nos cinco continentes, pertence à Academia Brasileira de Letras.*

Mais esta:

> ● *Brasília, que o trânsito é o mais civilizado do país, tem, proporcionalmente, a maior frota de carros do Brasil.*

Alguma coisa cheira mal. O que será? O desmembramento dirá:

> ● *Brasília tem, proporcionalmente, a maior frota de carros do Brasil. O trânsito **de Brasília** é o mais civilizado do Brasil.*

Eureca! *De Brasília* indica posse. Abram alas, que o *cujo* quer passar:

> ● *Brasília, cujo trânsito é o mais civilizado do país, tem, proporcionalmente, a maior frota de carros do Brasil.*

Que x o qual

Cada macaco tem o seu galho. Passar pro do outro é arriscado. Pode matar amores, retardar promoções e adiar a entrada na universidade. Diante do risco, o bom senso fala alto. Aconselha entender o emprego de dois relativos que armam ciladas a torto e a direito. Desvendado o mistério, fica uma certeza. É acertar ou acertar.

Que ou *o qual*? Quase sempre *que*. *O qual* só é obrigatório se preencher uma condição: ser antecedido de preposição com mais de duas sílabas. É o caso de *perante, diante*.

Veja:

> ● *Recebeu aplausos do público perante o qual falou na semana passada.*

Compare:

> ● *Recebeu aplausos do público perante que falou na semana passada.*

Esquisito, não? Soa mal. Nosso ouvido não merece.

> ● *Os universitários diante dos quais me manifestei chegaram ontem.*

Certíssimo. *Diante* tem três sílabas. Dá passagem a *o qual*. Compare:

> ● *Os universitários diante de que me manifestei chegaram ontem.*

Nossa! Coisa feia. Venha, *o qual*!

Se a preposição tem menos de três sílabas, o emprego de *o qual* fica a gosto do freguês:

> ● *A universidade sobre a qual lhe falei tem os melhores professores do país.*
>
> *A universidade sobre que lhe falei tem os melhores professores do país.*

Viu? *Sobre* tem duas sílabas. Os dois pronomes têm vez. Qual deles você prefere? Use-o sem medo.

Pronomes, calos no pé

> ❯ *O livro ao qual me referi é de João Ubaldo Ribeiro.*
>
> *O livro a que me referi é de João Ubaldo Ribeiro.*

As duas construções pegam bem. Você escolhe.

É isso. *O qual* só tem vez se for antecedido de preposição. Mas será obrigatório apenas num caso – quando a preposição tiver mais de duas sílabas.

Onde x em que

O *onde*, coitado, virou curinga. Mas curinga não é. Um dos abusos contra ele é usá-lo no lugar do *em que*. Xô! O *onde* tem emprego pra lá de restrito. Indica lugar físico:

> ❯ *A cidade onde nasci fica no litoral.*

O *onde* se refere a *cidade*. É bem-vindo. *Cidade* é lugar pra lá de físico.

> ❯ *Minha terra tem palmeiras / Onde canta o sabiá.*

O *onde* se refere a *palmeiras*, lugar físico. Palmas pra ele e pro Gonçalves Dias, o maranhense que escreveu os versos famosos da "Canção do exílio".

Apesar do papel bem definido, muitos abusam do *onde*. Usam-no em contexto diferente daquele para o qual foi criado. Quer ver? Exemplos pululam a torto e a direito. Aprecie os desvios:

> ❯ *O discurso onde o presidente acusou os pecuaristas não convenceu os críticos.*
>
> ❯ *O século onde se desenvolveu a teoria da informação acabou há pouco.*
>
> ❯ *Fixou-se no pensamento onde o filósofo destaca a decadência política.*

Viu? O *onde* se refere a *discurso, século* e *pensamento*. As três palavras não têm parentesco nem remoto com lugar físico. O *em que* pede passagem:

> ❯ *O discurso em que o presidente acusou os pecuaristas não convenceu os críticos.*

> ❯ *O século em que se desenvolveu a teoria da informação acabou há pouco.*

> ❯ *Fixou-se no pensamento em que o filósofo destaca a decadência política.*

Guarde isto: na disputa com o *em que,* o *onde* só tem vez quando indica lugar físico. No mais, o dissílabo se recolhe. Dá a vez à duplinha.

Onde x quando

Cada macaco no seu galho. Certo? Certíssimo. Mas o *onde* não está nem aí pra velha sabedoria popular. Volta e meia se esquece da própria função e invade o espaço do *quando.* Em vez de indicar lugar, indica tempo.

Analise:

> ❯ *Fala-se de honestidade onde se deveria falar de inidoneidade.*

> ❯ *Foi em 1922, onde houve a Semana de Arte Moderna, que se comemorou o centenário da Independência do Brasil.*

> ❯ *Na atual conjuntura, onde todos querem tirar vantagem, o povo precisa reagir.*

Reparou? O *onde* roubou a vez do *quando.* Rua pra ele:

> ❯ *Fala-se de honestidade quando se deveria falar de inidoneidade.*

> ❯ *Foi em 1922, quando houve a Semana de Arte Moderna, que se comemorou o centenário da Independência do Brasil.*

> ❯ *Na atual conjuntura, quando todos querem tirar vantagem, o povo precisa reagir.*

Onde x aonde

De uma coisa ninguém duvida. O *aonde* é uma respeitável palavra casada. Resulta do encontro irresistível da preposição *a* com o pronome *onde.* Mas a união não se dá sem mais nem menos. Há requisitos.

Só ocorre com verbos de movimento que exigem a preposição *a*. O verbo ir, por exemplo. Quem vai vai *a* algum lugar:

▶ *Aonde você vai?*

▶ *Vou ao Recife.*

▶ *Não sei aonde você vai.*

▶ *Gostaria que me dissesse aonde você vai.*

Chegar joga no mesmo time. É verbo de movimento que pede a preposição *a* (quem chega chega *a* algum lugar):

▶ *Cheguei **a** João Pessoa.*

▶ *Aonde o pacote econômico quer chegar?*

▶ *Sei mais ou menos aonde ele quer chegar.*

▶ *Ela provou que tem capacidade para chegar aonde chegou.*

Conduzir não fica atrás. Preenche as duas condições da união feliz (quem conduz conduz *a* algum lugar):

▶ *Aonde nos conduzirão os caprichos do governo?*

▶ *Ninguém sabe aonde as medidas nos conduzirão.*

Atenção, precipitado. Para merecer o *aonde*, o verbo tem de preencher as duas condições. Uma só não é suficiente. *Assistir,* por exemplo, pede a preposição *a*. Mas não indica movimento. *Pular* indica movimento. Mas não aceita a preposição *a*. Com eles & cia., o *aonde* não tem vez. Não tem vez também nestas frases:

▶ *Onde você está?*

Gostaria de saber onde você está.

Estar não indica movimento nem exige a preposição *a* (quem está está em algum lugar).

▶ *Não me disse aonde pretende trabalhar quando concluir o curso.*

Trabalhar não preenche nenhuma das duas condições. Com ele, só o *onde* tem passagem:

> ❯ *Não me disse onde pretende trabalhar quando concluir o curso.*

Onde x que

Que ou onde? Depende. O *onde* indica lugar:

> ❯ *Na cidade onde moro, há cerca de 50 instituições de nível superior.*

Quem mora mora em algum lugar. O *onde* merece nota 10.

> ❯ *Em tudo onde fala revela ignorância.*

Quem fala fala em alguma coisa. *Alguma coisa* não tem parentesco com lugar. O *que* pede passagem:

> ❯ *Em tudo que fala revela ignorância.*

Outro exemplo:

> ❯ *Na reportagem, onde assina com outro jornalista, o repórter explica as causas do acidente.*

Quem assina assina alguma coisa. O quê? A reportagem. Convenhamos: *reportagem* não é lugar. Xô, *onde!*

> ❯ *Na reportagem, que assina com outro jornalista, o repórter explica as causas do acidente.*

Mais um:

> ❯ *Com a declaração que fez, onde espera pôr fim às dúvidas, o presidente deve acalmar a população.*

Quem põe fim põe fim a alguma coisa. A quê? Às dúvidas. O *onde*, de novo, não tem vez:

> ❯ *Com a declaração que fez, que espera pôr fim às dúvidas, o presidente deve acalmar a população.*

Porquês, o quebra-cabeça

Por que? Por quê? Porque? Porquê? Que confusão! Ora a dupla vem coladinha. Ora, separada. Às vezes com acento. Outras, sem chapeuzinho. É um nó nos miolos. Nas redações, a gente se enrola como gato em novelo de lã.

Por que ou por quê?

Dois empregos dos porquês são pra lá de conhecidos. A escola os ensina muito bem. Por isso todo mundo os domina. Na pergunta, o parzinho é separado. Se o *que* estiver no fim da frase, no fim mesmo, encostado no ponto, leva circunflexo. Caso contrário, vem soltinho da silva:

> ▶ *Por que as mulheres se explodem no Iraque?*
>
> *As mulheres se explodem no Iraque por quê?*
>
> *As mulheres se explodem no Iraque. Você sabe por quê?*

Moleza, não? Mas há um caso mais complicado. Trata-se do porquê separado sem estar em pergunta. Ele representa um senhor perigo. Gente muito boa tropeça na duplinha a torto e a direito. O que fazer?

Entender-lhe as manhas. Desvendado o mistério, a verdade é uma só. Ele não é nenhum bicho de sete cabeças. Basta aprender por que uns se escrevem juntinhos; outros, separados. E abrir os olhos para os acentos. Os chapeuzinhos têm seu porquê. Vamos aos fatos:

Por que, separado sem estar em pergunta é construção preguiçosa. Aparece pela metade. Sem muita disposição para o batente, deixa subentendidos os substantivos *a razão, a causa, o motivo*:

> ▶ *Gostaria de saber (a razão) por que a universidade continua em greve.*
>
> *É possível me dizer (o motivo) por que a universidade continua em greve?*
>
> *Ainda não sabemos (as causas reais) por que o Brasil invadiu o Paraguai.*

Viu? Antes do *por que* está escondido um substantivo. Ele não aparece. Mas conta. É que a língua, engenhosa, o omite. Os distraídos caem na armadilha. Os sabidos têm um macete. Sempre que o *por que* for substituível por *a razão pela qual*, não dá outra. É um lá e outro cá. Se estiver no fim da linha, colado no ponto, ganha chapéu:

> ❱ *Não entendi por que* (a razão pela qual) *a universidade continua em greve.*

> ❱ *O ministro tentou, mas não conseguiu explicar por que* (a razão pela qual) *a universidade mantém a greve.*

> ❱ *Este é o melhor filme do ano. Vá ao cinema e descubra por quê* (a razão pela qual).

> ❱ *No livro* Intermitências da morte, *de José Saramago, as pessoas deixaram de morrer. Foi difícil saber por quê* (a razão pela qual elas deixaram de morrer).

> ❱ *Ele não explicou por que* (a razão pelo qual) *o Congresso deve ser convocado. Você sabe por quê* (a razão pela qual)*?*

Porque

A resposta à questão é moleza. O parzinho vem colado. É a conjunção causal:

> ❱ *As mulheres se explodem no Iraque porque protestam contra a ocupação do país.*

> ❱ *"Eu canto porque o instante existe", escreveu Cecília Meireles.*

> ❱ *Por que trabalho? Ora, porque preciso pagar minhas contas.*

Porquê

O *porquê* – juntinho e enchapelado – joga no time dos substantivos. É sinônimo de *causa, razão, motivo*. Ele apresenta duas marcas. Uma: tem plural. A outra: vem acompanhado de artigo, numeral ou pronome:

- ● *Eis o porquê de as mulheres se explodirem no Iraque.*
- ● *Agora entendo o porquê dos porquês.*
- ● *Esse porquê poucos entendem.*
- ● *O primeiro porquê é mais fácil que o segundo.*

Demonstrativos, nó nos miolos

Este, esse ou *aquele?* O pronome demonstrativo é um rolo só. Jornalistas, professores, funcionários públicos, todos se confundem na hora de empregá-lo. A culpa é da versatilidade do danadinho. Ele pode indicar situação no espaço, situação no tempo e situação no texto. Já imaginou? São muitos papéis para tão poucos serezinhos. O jeito? Só há um. Aprender os macetes de lidar com eles. Vamos lá.

Para entendê-los, lembre-se das pessoas do discurso. Discurso, aí, significa conversa. As pessoas do discurso são as que tomam parte em uma conversa. Para haver bate-papo, são necessárias três pessoas. Algumas interessantes, outras nem tanto. Quem são elas?

Uma que fala (1ª pessoa – eu, nós)
Uma que escuta (2ª pessoa – tu, você, vocês)
Uma sobre a qual se fala (3ª pessoa – ele, ela)

Imagine este telefonema:

João: – Você viu o filme *O mercador de Veneza?*
Rafael: – Ainda não. Mas estou a fim de ir ao cinema hoje. Vamos?

No primeiro momento, João fala. É a 1ª pessoa. Rafael escuta. É a 2ª. Do que eles falam? Do filme. É a 3ª. No segundo, Rafael fala. É a 1ª pessoa. João escuta. É a 2ª. O assunto se mantém.

Os pronomes demonstrativos são versáteis que só. Têm três empregos. Eles indicam:

- situação no espaço
- situação no tempo
- situação no texto

Situação no espaço

Olho vivo. *Espaço*, no caso, quer dizer lugar. O pronome diz se a pessoa, animal ou coisa está perto ou longe das criaturas do discurso. Veja:

 Este: informa que o objeto está perto da pessoa que fala (eu, nós). Pode ser reforçado pelo advérbio *aqui*: *Esta sala aqui* (a sala onde a pessoa que fala ou escreve está); *este livro* (o livro que temos em mão).

 Esse: anuncia que o objeto está perto da pessoa com quem se fala (você, tu). Aceita o reforço do *aí*: *Essa sala aí é do diretor* (a sala onde está a pessoa com quem falamos ou a quem escrevemos). *Você sabe de quem é essa bolsa aí? Por favor, guarde essa cadeira pra mim.*

 Aquele: diz que o objeto está longe da pessoa que fala e da pessoa com quem se fala. Topa a companhia do *lá* ou *ali*: *Aquele quadro ali parece de Picasso* (o quadro está longe das duas pessoas). *Aquela lâmpada lá está pifada. Trabalho nesta sala e minha mesa é aquela ali.*

Situação no tempo

Há muitos jeitos de indicar tempo. Um deles é com advérbio (hoje, ontem, amanhã). Outro, orações adverbiais (quando cheguei, assim que cheguei, mal cheguei). Outro, ainda, com os pronomes demonstrativos. É o que nos interessa no momento. Vamos a ele.

Este: indica tempo presente: *esta semana* (a semana em curso), *este mês* (o mês em que estamos), *este ano* (o ano em cartaz). *Este ano será bom pra você? Esta semana promete surpresas nas promoções das agências de viagens.*

 Esse/aquele: denunciam tempo passado. *Esse*, passado próximo. *Aquele*, passado remoto: *Estive em Granada em 1992. Nesse ano, visitei toda a Andaluzia. Conheci Paulo em 1990. Naquele tempo, estudávamos na mesma escola. Fui a Paris em 2003. Nesse ano fez muito frio por lá.*

Eis um nó. Como saber se o passado é próximo ou remoto? Depende. Há casos em que é fácil como tirar balinha de criança. Outros, complicados que só.

- *Era uma vez um rei e uma rainha. Naquele tempo, havia príncipes montados em cavalos brancos.* (Põe tempo nisso!)

- *Comecei a trabalhar na ECT em 1988. Nesse tempo (ou naquele tempo) eu ainda não tinha terminado o curso superior.*

Como determinar se o passado é próximo ou distante? Nos contos de fadas, não há problema. As histórias se desenrolam há muitos e muitos anos. Na maioria das vezes, porém, a barra pesa. Por quê? A duração do tempo é psicológica. Duas horas com dor de dente parecem uma eternidade. Duas horas namorando? Ah, essas voam.

Situação no texto

Quem escreve enfrenta desafios. Um deles: situar o leitor. Dizer-lhe se a palavra, a frase ou o fato já foi referido no texto. Ou, ao contrário, se vai ser referido. É o terceiro emprego do demonstrativo. E, cá entre nós, é o que oferece maior dificuldade. Mas, se for bem entendido, não há por que tropeçar aqui e ali. É acertar sempre.

O caso lembra Jano. O deus romano tinha duas caras. Uma olhava pra trás. Via o passado. A outra olhava pra frente. Enxergava o futuro. Quando terminava o ano, com uma cara ele olhava para dezembro. Despedia-se do último mês. E fechava a porta do ano velho.

Com a outra cara, mirava o ano que começava. Abria a porta. Entrava. E desejava feliz ano-novo para todos. Agradecidos, os homens o homenagearam. Deram o nome de janeiro ao primeiro mês do ano. E recorrem a ele para jogar luz no *esse* e no *este*.

Esse olha para trás. Quando aparece, dá um recado. Diz que o assunto já foi referido. Veja:

> ◗ *Tudo vale a pena se a alma não é pequena.*
>
> *Esse verso, escrito por Fernando Pessoa, aparece no livro Mensagem.*

Por que *esse*? Porque o verso foi escrito antes. Antes do quê? Antes do pronome *esse*. Indica, pois, referência anterior.

Mais exemplos:

> ◗ *Extravio de correspondência? Esse assunto merece atenção especial.*
>
> ◗ *"Minha pátria é a língua portuguesa." Essa frase é de Fernando Pessoa. (Viu? A frase foi escrita antes. O essa remete a ela.)*
>
> ◗ *"Lula, mito ou blefe?". O artigo que responde a essa pergunta está transcrito na edição de hoje do jornal.*

Este joga em outro time. Olha para a frente. Diz que o assunto é coisa futura. Vai ser referido. Quer ver?

> ◗ *Fernando Pessoa escreveu este verso: "Tudo vale a pena se a alma não é pequena".*

Percebeu a diferença? O verso é anunciado antes (escreveu *este* verso) e escrito depois.

Outras amostras:

> ◗ *A discussão girou em torno deste tema – o extravio de correspondência.*

> ● *Paulo fez esta pergunta: "Lula, mito ou blefe?"* (A pergunta é anunciada: "fez esta pergunta", depois, formulada).

Para não esquecer: este tem um t. Futuro também. Esse tem dois ss. Igualzinho a passado. Lembre-se do macete na hora do aperto.

Estrutura fechada

Lembra-se de Fernando Henrique Cardoso? Antes de ser político, ele era professor. Escreveu muitos livros. Neles, dava receitas para desenvolver o país. Mas, quando assumiu a Presidência da República, agia de forma contrária aos conselhos escritos. Os adversários lhe chamaram a atenção para a incoerência. Ele respondeu:

– Esqueçam o que escrevi.

Para entender o último emprego dos demonstrativos, siga o conselho de FHC. Esqueça tudo o que foi dito. Porque esse é caso à parte. Não tem relação com espaço, tempo ou referência no texto. É a estrutura fechadinha.

Ela exige dois seres. Por isso, só dois pronomes entram na jogada. Um: *este*. Refere-se ao nome que está mais perto do pronome. O outro: *aquele*. Trata do nome mais distante.

Analise o período:

> ● *Paulo e Luís cursam economia. Este estuda em universidade federal; aquele, em particular.*

Este quem? O mais próximo do pronome. No caso, Luís. *Aquele* aponta para o mais distante. É Paulo.

> ● *Maria e Joana trabalham no comércio. Esta, nas Lojas Americanas; aquela, no Ponto Frio.*

Em outras palavras: Maria trabalha no Ponto Frio; Joana, nas Lojas Americanas.

Viu? Nessa arquitetura, não existe meio-termo. O *esse* não tem vez. Só o *este* e o *aquele*.

Xô, demonstrativo

Pegue o jornal. Abra-o em qualquer página. Leia artigos, reportagens, notícias. Lápis na mão, assinale os *aqueles, aquelas* e *aquilo* que aparecem no caminho. A conclusão é inevitável. O artigo (o, a) e o demonstrativo (o, a) caíram em desuso. A turma esqueceu-os. Em vez do discreto monossílabo, empanturra a frase com o pesadão trissílabo. Xô!

> ● *Lula condena aqueles que criticam a operação tapa-buracos.*

Livrar-se do *aqueles*? É fácil:

> ● *Lula condena os que criticam a operação tapa-buracos.*
>
> *Lula condena quem critica a operação tapa-buracos.*
>
> *Jesus disse que os mansos – aqueles que não recorrem à violência – possuirão a Terra.*

Rua, grandão. Abra alas para o pequenino:

> ● *Jesus disse que os mansos – os que não recorrem à violência – possuirão a Terra.*
>
> *Aqueles que nunca pecaram atirem a primeira pedra.*

Melhor:

> ● *Os que nunca pecaram atirem a primeira pedra.*
>
> *Quem nunca pecou atire a primeira pedra.*
>
> *Aquilo que é escrito sem esforço é lido sem prazer.*

Com mais elegância:

> *O que é escrito sem esforço é lido sem prazer.*

História exemplar

Cláudio é funcionário do Banco Central. No psicólogo, aprendeu uma lição: água parada apodrece. Precisava movimentar-se. Que tal mudar de emprego? Novo chefe, novos colegas, novas experiências... ah, coisa boa!

Conseguiu requisição para o Ministério da Fazenda. No ofício que o presidente do Bacen mandou para o ministro, estava escrito: "Os ônus correrão por conta desse órgão".

No fim do mês, cadê pagamento? O ministério dizia que o Bacen precisava pagar o salário. O banco alegava o contrário. Enquanto isso, o pobre JC, com cheques pré-datados na praça, aluguel vencido, carnês atrasados, não via solução para o problema. Afinal, perguntava-se ele, por que se armou toda a confusão?

O responsável pelo desacerto foi o despretensioso pronome demonstrativo. O departamento de pessoal do ministério ignorava a diferença entre *este* e *esse*. Aí, não deu outra: a corda rebentou do lado mais fraco.

Ora, a correspondência do presidente do Banco Central dizia que "os ônus correrão por conta desse órgão". Desse qual? Do órgão de quem lê. No caso, o Ministério da Fazenda. Se os ônus corressem por conta do Bacen, o pronome seria outro: "os ônus correrão por conta desta autarquia."

Moral da história: a língua tem tudo a ver com o bolso.

Pronome oblíquo, o bilíngue

No português do Brasil, embora haja grande flexibilidade no emprego dos pronomes átonos, existem regras que devem ser observadas:

Pronome átono

Não se inicia frase com pronome átono, prática aceita na língua falada, mas rejeitada pela norma culta:

- ▶ *Dirigiu-lhe a palavra.*
- ▶ *Obrigou-o a retirar-se da reunião.*
- ▶ *Apresentaram-se respeitosamente.*

Próclise

É obrigatória a próclise (colocação do pronome antes do verbo) quando o verbo vem precedido das seguintes partículas que o atraem:

- palavras negativas (não, nunca, jamais, ninguém, nenhum, nada, nem): *Não me telefone amanhã. Ninguém o procurou na ausência do diretor. Nada se sabe a seu respeito. Não se sente bem, nem se se sente à vontade.*

- advérbios quando não vêm separados por vírgula: *Aqui se fala português. Talvez nos encontremos no aeroporto. Amanhã o apanharei em casa às duas horas.* (Mas: *Aqui, fala-se português. Ontem, pediu-me dinheiro emprestado.*)

- pronomes relativos (que, qual, onde, cujo, quanto): *O candidato que se apresentou primeiro tirou a melhor nota da prova. A cidade onde se encontraram fica a 100 km de São Paulo. A carnaúba, da qual se falou no simpósio, é nativa das regiões semiáridas do Nordeste. Trouxe tudo quanto lhe pedi.*

- pronomes indefinidos (quem, alguém, ninguém, tudo, todos, nada, algum, nenhum, poucos, muitos): *Muitos se negaram a abandonar o recinto. Alguém me escreveu, mas não se identificou.*

- conjunções subordinativas (que, se, porque, porquanto, como, já que, desde que, visto que, embora, conquanto, ainda que, se bem que, se, caso, contanto que, conforme, consoante, de modo que, de maneira que, de forma que, para que, a fim de que, à medida que, à proporção que, quando, até que, tanto que): *Quero que se retirem imediatamente. Como se classificou em primeiro lugar, já foi convocada. Se me convidarem, irei.*

- pronomes interrogativos (por que, como, onde, quando, quanto, quem): *Por que você lhe telefonou? Onde ele o encontrou? Por que sua saída o abalou tanto? Quanto lhe custou o carro novo? Como se chega a sua casa?*

palavras exclamativas (quanto, como, quem): *Quanto me custou chegar até aqui! Como se bebe nesta cidade! Quem me dera viver essa aventura!*

 as orações que exprimem desejo também exigem a próclise: *Deus o acompanhe! Que os anjos lhe digam amém!*

Nas locuções verbais

 Não se usa pronome átono depois do particípio: *Haviam me convidado* (nunca *haviam convidado-me*).

 Na presença de partícula atrativa, coloca-se o pronome antes do verbo auxiliar ou depois do verbo principal (exceto particípio), jamais entre os dois: *Não lhe vou telefonar* ou *Não vou telefonar-lhe*.

 Respeite a mesóclise (colocação do pronome no meio do verbo conjugado no futuro do presente ou futuro do pretérito: *Convencê-lo-íamos a aceitar. Far-lhe-ei este favor*). Para fugir da mesóclise, use o sujeito: *Nós o convenceríamos a aceitar. Eu lhe farei este favor.*

Dicas para acertar sempre

Na língua desta Pindorama tropical, a história muda de enredo. O átono é quase tônico. A vogal do *me, lhe, nos* se ouve um tanto reduzida, mas até os surdos a escutam. Por isso as regras de lá não combinam com o falar de cá. Soam artificiais. Hoje os bons gramáticos concordam que a colocação dos pronomes no Brasil tomou os próprios rumos.

Reduzem-se a duas normas. Uma: não inicie frase com pronome átono. A outra: ponha o pronome sempre antes do verbo: *Dize-me com quem andas que te direi quem és. O visitante se tinha retirado antes da sobremesa. A morte não me poderia assustar depois de tudo o que passei. Continuamos a nos exercitar em línguas estrangeiras.*

Iniciar a frase com pronome átono tem dois significados. Um é claro: quer dizer começar o período: *Ofereceu-me aumento de salário. Foi-se embora sem se despedir.*
O outro é malandro. Não parece, mas é. Quando ocorre pausa que desampara o pronome, ele vai pra trás. Que pausa? Vírgula ou ponto e vírgula. Compare: *Aqui se fala português. Aqui, fala-se português. Severino chantageou o presidente? Não; deu-lhe conselhos. Para se retirar, pediu-me autorização.*

Atenção, muita atenção. Não generalize. Às vezes, a vírgula separa termos intercalados. Mas, lá atrás, permanece a palavra em que o pronome se ampara: *Lula disse **que**, apesar dos pesares, se entenderá com a oposição.*

A exceção confirma a regra. Ela se refere aos pronomes *o* e *a*. Quando antecedidos da preposição *a*, a pronúncia torce a língua. Não sai. Aí, só há uma saída. Mandar o pequenino pra trás do verbo. Compare:

> *Continuo a a querer. Continuo a querê-la.*

Colocação com o infinitivo

Com o infinitivo vale tudo. O pronome pode ir antes ou depois do verbo. Não respeita nem as palavras que atraem o atonozinho:

> *Saiu para preparar-se.*
>
> *Saiu para se preparar.*
>
> *Gostaria de me aposentar já.*
>
> *Gostaria de aposentar-me já.*
>
> *Por que candidatar-se ao Senado?*
>
> *Por que se candidatar ao Senado?*

Conosco x com nós

Existe a forma *com nós*? Ou o pronome *nós*, casadinho, vira sempre *conosco*? O *com nós* só se emprega quando acompanhado de palavras reforçadoras como *próprio, mesmo, todo*: *Os livros ficarão com nós todos. As crianças saíram com nós dois ontem à noite. Queremos estar de bem com nós mesmos.*

Não aparecendo a palavra de reforço, usa-se *conosco*: *As crianças saíram conosco. Querem estar de bem conosco.*

Para mim x para eu

"O pronome *mim* tem fobia à solidão. Anda sempre de mãos dadas com a preposição." O professor (graças a Deus.) obrigava os alunos a decorar as preposições. Todos se lembram delas. São poucas: *a, ante, após, até, com, contra, de, desde, em, entre, para, perante, por, sem, sob, sobre, trás.*

Veja alguns exemplos do *mim* acompanhado:

- ❿ *Gosta **de mim**.*
- ❿ *Telefonou **para mim**.*
- ❿ *Falou **sobre mim**.*
- ❿ *Dirigiu-se **a mim**.*
- ❿ *Luta **contra mim**.*
- ❿ *Chegou **até mim**.*
- ❿ *Confirmou tudo **perante mim**.*
- ❿ *Faz tudo **por mim**.*

O *eu* é autossuficiente. Todo-poderoso, escolheu para si a função de sujeito. Nunca abre mão dessa tarefa. Alguns desavisados tentam enganá-lo. Aí a tragédia é total. Perdem o emprego, a namorada, pontos no concurso. Ficam sós, tristes e humilhados. Como evitar a tragédia? Muito fácil. Lembre-se de que só o *eu* – só o *eu* mesmo – pode funcionar como sujeito.

Veja:

- *Este livro é para **eu ler** (quem lê? Eu, sujeito).*

- *Pediu para **eu responder** à carta (quem responde? Eu, sujeito).*

- *Deixou os filhos para **eu cuidar** (quem cuida? Eu, sujeito).*

Dica infalível: Se o pronome estiver seguido de verbo, não tenha dúvidas. Use *eu*. Se não, é vez do *mim*:

- *Mandou uma carta **para mim**.*

  *Mandou uma carta para **eu responder**.*

- *Sugeriu um trabalho **para mim**.*

  *Sugeriu um trabalho **para eu fazer**.*

- *Mandou a conta **para mim**.*

  *Mandou a conta **para eu pagar**.*

Olho vivo à cilada. Há construções que enganam. O *mim* dá a impressão de funcionar como sujeito. Mas a impressão é falsa. Ele se mantém no modesto papel que lhe cabe:

- *Para mim, falar em público é pra lá de fácil.*

A inversão dos termos da oração deixa clara a armadilha:

- *Falar em público é pra lá de fácil para mim.*

Viu? O *mim*, nem de longe, usurpa a função de sujeito.

Entre mim e você

- *Nada existia **entre mim e você**. O caso de amor era **entre mim e o Adalberto**.*

Certo? Certíssimo. *Entre* é preposição. Acompanha sempre o pronome *mim*, que nunca funciona como sujeito. Nunca? Só na língua dos índios. Que, aliás, não é português: *mim trabalha, mim caça, mim pesca*.

Zero à esquerda

Para eu mesmo? Para mim mesmo? O pronome *mesmo* não cheira nem perfuma. Com ele ou sem ele, a regra permanece:

> ◗ *Trouxe o papel para eu mesmo redigir.*

> ◗ *O livro é para eu mesma ler.*

> ◗ *O desafio é para mim mesmo.*

No caso, *mesmo* concorda com o gênero da pessoa. Quem fala é mulher? Use *mesma*. Homem? Dê vez ao *mesmo*:

> ◗ *O dinheiro é para mim mesmo, disse Paulo.*

> ◗ *Pediu para eu mesma falar, informou Maria.*

Amá-lo, vendê-lo, parti-lo

Com ou sem acento? Trata-se dos verbos acompanhados do pronome *lo*. Ora eles aparecem de um jeito, ora de outro. Por quê?

Em português, acentuam-se as oxítonas terminadas em *a*, *e* e *o*, seguidas ou não de *s*. É o caso de *sofá (sofás), você (vocês), vovó (vovós)*.

As terminadas em *i* e *u* ficam fora. Não querem ouvir falar de grampinho *(aqui, ali, caju, urubu)*. As formas verbais seguem a regra tintim por tintim. As terminadas em *a*, *e* e *o* ganham acento. Em *i*, nem pensar: *contá-lo, comprá-las; vendê-los, escrevê-la; parti-lo, ouvi-las; pô-lo, compô-las*.

Todo, o manhoso

O pronome *todo* é cheio de manhas. Ora vem no singular, ora no plural. Ora acompanha substantivo com artigo, ora sem artigo. Em cada forma, dá um recado diferente.

No singular, com substantivo sem artigo, *todo* significa cada, qualquer:

- *Todo (qualquer) homem é mortal.*
- *Todo (qualquer) país tem uma capital.*
- *Toda (qualquer) hora é hora.*
- *A toda (cada) ação corresponde uma reação.*

No singular, na companhia de substantivo com artigo, *todo* quer dizer inteiro:

- *Li todo o livro.*
- *Li o livro todo.*
- *Trabalho o ano todo.*

No plural, acompanhado de substantivo com artigo, *todo* dá o sentido de totalidade das pessoas e dos representantes de determinada categoria, grupo ou espécie:

- *O Brasil quer todas as crianças (a totalidade delas) na escola.*
- *No Recife, todos os alunos foram matriculados.*
- *Todos os brasileiros com mais de 18 anos e menos de 70 são obrigados a votar.*
- *Vejo o* Fantástico *todos os domingos.*
- *Trabalho todos os dias da semana.*

 "Todos foram unânimes" é pleonasmo deste tamanho, ó. Unânime é relativo a *todos*. Use um ou outro. Diga: *Os líderes foram unânimes. Todos concordaram.*

 O *todo* tem alergia ao numeral *dois*. Todos os dois? Nem pensar. É espirro pra todos os lados. Diga *os dois* ou *ambos*.

Possessivo, o ambíguo

Os possessivos são aparentemente inofensivos. Mas causam senhores estragos à frase. Sabe por quê? Às vezes, dão duplo sentido à declaração. Você diz uma coisa. A pessoa entende outra. Ou fica confusa. Veja:

> *O presidente garantiu aos parlamentares que o seu esforço levaria à aprovação da emenda.*

Esforço de quem? Dos parlamentares? Do presidente? A frase é ambígua. Permite dupla leitura. O que fazer? Partir para o troca-troca. Substituir o possessivo pelo pronome *dele*:

> *O presidente garantiu aos parlamentares que o esforço dele (ou deles) levaria à aprovação da emenda.*

Certas palavras rejeitam o possessivo. Aproximá-los é briga certa. Gente boa, evite confusões. Não o use com:

As partes do corpo:
> *Na batida, quebrou a perna* (nunca *sua perna*). *Arranhou o rosto. Fraturou os dedos.*

Os objetos de uso pessoal:
> *Calçou os sapatos* (não *seus sapatos*). *Pôs os óculos. Vestiu a saia.*

As qualidades do espírito:
> *João Marcelo e Rafael têm inteligência* (não *sua inteligência*) *privilegiada.*

Em 90% dos casos, o possessivo é desnecessário. Sobra:
> *Paulo fez a (sua) redação.*
> *Pegou o (seu) carro.*
> *Perdeu as (suas) chaves.*

É isso. Escrever é cortar. Ou trocar.

Parte III

Ciladas da língua

> *"O português é uma língua muito difícil.
> Tanto que calça é uma coisa que se bota,
> e bota é uma coisa que se calça."*
> Barão de Itararé

As línguas têm mitos. Para os muçulmanos, o árabe é a língua de Deus. Entre 6,8 mil idiomas, o Senhor escolheu o deles para ditar a mensagem divina. O recado encontra-se no *Corão*, joia da literatura mundial. Só se pode lê-la no original. As versões em inglês, alemão, russo ou português não são o livro do Todo-Poderoso. São interpretações da obra. Quem quiser ouvir a palavra do Criador só tem uma saída – aprender o árabe.

Para os nascidos na terra de Goethe, o alemão rima com precisão. O inimigo da ambiguidade não tem alternativa. É estudar alemão, ou estudar alemão. Por isso nove entre dez filósofos escrevem no idioma que tem declinações e montões de palavras coladas umas nas outras.

Os franceses não ficam atrás. Consideram-se donos da clareza. Montaigne, há 400 anos, disse que o estilo tem três virtudes – clareza, clareza e clareza. Parisienses & cia. afirmam que o estilo francês tem quatro – clareza, clareza, clareza e... clareza. O privilégio tem explicação. Chama-se escola de qualidade. A meninada aprende que só tem salvação se se debruçar sobre dicionários, gramáticas, manuais de redação e muita – muita – leitura.

E o português? O idioma de Camões, Machado de Assis e Fernando Pessoa cultiva vários mitos. Um deles: língua linda, mas muito difícil. Verdade? As línguas de cultura apresentam dificuldades. O chinês por exemplo, desafia os chinesinhos a interpretar 68 mil ideogramas. Eles, graças a muito estudo, chegam lá. O árabe fala uma língua e escreve outra. Sai-se bem em ambas. O segredo? Seriedade e dedicação. O português nosso de todos os dias não foge à regra. Exige empenho para revelar os mistérios. Quanto mais se aprende, mais se sabe na escala do conhecimento. E mais liberdade se ganha.

A língua é um sistema de possibilidades. Dominá-lo significa ampliar o leque de escolhas. A criança se vira muito bem com a palavra *casa*. À medida, porém, que descobre as nuanças de lar, residência, domicílio, morada, moradia, habitação, pousada & cia., comunicar-se-á com mais precisão e consciência. Voará mais alto. E ultrapassará obstáculos. Embora pequenos, tropeços em crases, preposições, concordâncias e outras manhas da língua causam estragos. Evitá-los é possível. O texto agradece. O leitor também.

Crase, a humilhação

Ufa! A crase dá nó nos miolos. Como desatá-lo? É fácil como andar pra frente.

 Primeiro passo: desvendar o segredo do acentinho

Crase é como aliança no anular esquerdo. Avisa que estamos diante de ilustre senhora casada. A preposição *a* se encontra com outro *a*. Pode ser artigo ou pronome demonstrativo. Os dois se olham. Sorriem um para o outro. O coração estremece. Aí, não dá outra. Juntam os trapinhos e viram um único ser.

 Segundo passo: descobrir se existem dois aa

Para que a duplinha tenha vez, impõem-se duas condições. Uma: estar diante de uma palavra feminina. A outra: estar diante de um verbo, adjetivo ou advérbio que peçam a preposição *a*:

- ▶ *Vou à piscina da Água Mineral.*

O verbo ir pede a preposição *a* (quem vai vai *a* algum lugar).
O substantivo piscina adora o artigo (*a* piscina da Água Mineral fica na Asa Norte).
Resultado: a + a = à

- ▶ *João é fiel à namorada.*

O adjetivo *fiel* reclama a preposição *a* (quem é fiel é fiel *a* alguém). *Namorada* se usa com artigo (*a* namorada de João se chama Carla).
Resultado: a + a = à

- ▶ *Relativamente à questão proposta, nada posso informar.*

O advérbio *relativamente* exige a preposição *a* (relativamente *a* alguém ou *a* alguma coisa).
Questão pede o artigo *a* (*a* questão ainda não tem resposta).
Resultado: a + a = à

 Terceiro passo: apele para o macete

Na dúvida, recorra ao tira-teima. Substitua a palavra feminina por uma masculina. (Não precisa ser sinônima.) Se no troca-troca der *ao*, não duvide. É crase na certa:

- ▶ *Vou à piscina.*

    Vou ao clube.

- ▶ *João é fiel à namorada.*

    Carla é fiel ao namorado.

- ▶ *Relativamente à questão, nada posso fazer.*

    Relativamente ao problema, nada posso fazer.

Vale a pergunta. Se é tão simples, por que tantos tombam tanto? Acredite. A resposta está no artigo. Nossa dificuldade não reside na preposição, mas no saber se aparece artigo ou não. É o caso de nome de cidades, estados, países ou pessoas, dos pronomes possessivos, de palavras repetidas. E por aí vai. Quer ver?

Nome de cidades, estados e países, o xis da questão

Vou a Brasília? Vou à Brasília? Fui a Paraíba? Fui à Paraíba? Ia a França? Ia à França? Eta dor de cabeça! Cidades, estados e países são cheios de caprichos. Ora dão vez ao grampinho. Ora, não. No aperto, a gente chuta. O resultado é um só. A Lei de Murphy, gloriosa, pede passagem. O que pode dar errado dá.

Como safar-se? Há saídas. Uma delas: seguir o conselho dos políticos. "Para vencer o diabo", dizem eles, "convoque todos os demônios." Um demoniozinho se chama troca-troca. Construa a frase com o verbo *ir*. Depois, substitua o *ir* pelo indiscreto *voltar*. Por fim, lembre-se da quadrinha:

> ● *Se, ao voltar, volto da,*
>
> *crase no a.*
>
> *Se, ao voltar, volto de,*
>
> *crase pra quê?*

Viu? O *da* – casamento da preposição com o artigo – denuncia a presença do *a*. Vamos ao tira-teima:

> ● *Volto de Brasília.*
>
> Se, ao voltar, volto de, crase pra quê? Sem artigo, nada de crase:
>
> *Vou a Brasília.*

> *Voltei da Paraíba.*

Se, ao voltar, volto da, crase no a. O artigo dá a vez ao acentinho:

> *Vou à Paraíba.*

> *Voltei da França.*

Se, ao voltar, volto da, crase no *a*. Com artigo, vem grampinho:

> *Ia à França.*

Com ou sem crase?

> *Na primeira viagem, vou a Lisboa, a Paris e a Viena. Na segunda, a Londres e a Roma dos papas. Na última, a Madri das touradas e a Brasília de JK.*

Eta mistura! Volto de Lisboa, de Paris e de Viena. Volto de Londres e da Roma dos papas. Volto da Madri das touradas e da Brasília de JK.

> *Na primeira viagem, vou a Lisboa, a Paris e a Viena. Na segunda, a Londres e à Roma dos papas. Na terceira, à Madri das touradas e à Brasília de JK.*

Da... à, o casalzinho

Que confusão! *De... a. Da... à.* Um *a* tem crase. O outro vem soltinho e feliz como pinto no lixo. Por quê? A razão é uma só: mania de imitação. A língua copia a vida. Lá e cá existem os casais. O que acontece com um acontece com o outro.

> **De** *segunda* **a** *sexta.*

De é preposição pura. *A* só pode ser preposição pura. Em ambas o artigo não tem vez:

> *Trabalho **de** quarta **a** sexta.*

> *A farmácia faz entregas **de** segunda **a** sábado.*

> *Vejo tevê **de** domingo **a** domingo.*

> ***Da** rodoviária **à** quadra comercial.*

Da é combinação da preposição *de* com o artigo *a*. O *à* vai atrás. O acento serve de prova da fusão.

Mais exemplos:

> ● *Li **da** página 8 à página 12.*

> ● *O expediente é **de** segunda a sexta, **das** 8h **às** 18h30.*

> ● *Trabalho **das** 14h **às** 18h.*

Atenção, gente fina. Às vezes, a preposição *de* vem casadinha com o artigo *o*. O sexo não muda a regra. O segundo par mantém a fidelidade:

> ● *Viajei **do** Paraguai à França.*

> ● *Fui de carro **do** Rio à Paraíba.*

> ● *Corri **do** aeroporto à rodoviária.*

Cuidado: há ocasiões em que um dos nomes não pede artigo. O casalzinho fica, então, comprometido:

> ● *Viajei da França a Portugal.*

> ● *Fui de Cuba à Alemanha.*

Cruzamentos

Misturar o par de um com o de outro gera deformações. São os cruzamentos. É como casar girafa com elefante. Já imaginou o pobre filhote? Eis um monstrinho:

> ● *Horário do expediente: de segunda a sábado, de 7h30 às 20h.*

Reparou? O primeiro casalzinho (de... a) merece nota mil. O segundo juntou o parceiro de um par com o parceiro de outro. Xô! A forma bem-amada é: *das 7h30 às 20h.*

Palavras repetidas, a tentação do diabo

Que tentação! Certas construções dão coceira na mão. Diante delas, o desejo parece irresistível. Ao menor descuido, lá está o acentinho comprometedor. Seguuuuuuuuuuuuuuuuuuura!

Tentação satânica são as palavras repetidas. Ao vê-las, dobre os cuidados. Pare, pense e controle-se. Lembre-se de que as duplinhas têm alergia à crase. Não aceitam o sinalzinho nem a pedido dos deuses do Olimpo:

> *face a face*
>
> *cara a cara*
>
> *semana a semana*
>
> *frente a frente*
>
> *uma a uma*
>
> *gota a gota*

No caso, o artigo não tem vez. Se tivesse, o primeiro par viria devidamente acompanhado. Não vem. Sem artigo, nada de crase. Deixe a tentação para apelos mais fortes.

Possessivo, aparências que enganam

– Crase antes de pronome possessivo?
Os precipitados têm a resposta na ponta da língua:
– É facultativa.
Os atentos pensam duas vezes:
– Depende da frase.
E daí?
O pronome possessivo goza de privilégios. Ora vem acompanhado de artigo. Ora não. Por isso, a gente pode dizer:

> *Minha cidade tem duas faculdades.*
>
> *A minha cidade tem duas faculdades.*

A crase é a fusão da preposição *a* com o artigo *a*. Quando o artigo é facultativo, a crase também é. Logo, está certinho da silva escrever:

▶ *Vou a minha cidade.*

Vou à minha cidade.

Na incerteza, banque o São Tomé. Recorra ao tira-teima. Substitua a palavra feminina por uma masculina. Se no troca-troca aparecer *ao*, sinal de crase. Caso contrário, xô, grampinho:

▶ *Vou a (ao) meu país.*

Olho vivo! Nem tudo o que reluz é ouro. Há uma construção enganadora. O *a* que antecede o possessivo tem cara de artigo. Mas artigo não é. Trata-se do ardiloso pronome demonstrativo:

▶ *Não fui a (à) minha cidade, mas à sua.*

Desmembrada a segunda oração, temos:

▶ *Não fui a (à) minha cidade, mas à que (àquela que) é sua.*

O raciocínio é um só: o artigo é facultativo. O pronome não. Exige o sinal de crase. Aplique o tira-teima:

▶ *Não fui a (ao) meu país, mas ao seu.*

Masculino, será que é?

"Bebê à bordo", anunciam decalques cidade afora. "Estou à caminho", escreve o namorado à amada. "Carro movido à álcool", dizem os classificados. Nada feito.

A regra é pra lá de sabida: o acento grave não tem vez antes de nome masculino. A razão? Machinhos não aceitam o artigo *a*. Sem ele, nada de casório. Mas há construções em que aparece *à* antes de garotões. Abra o olho. É armadilha:

Trata-se do jogo do esconde-esconde. Aparentemente ocorre crase antes de palavra masculina. A aparência, outra vez, engana. Nessas construções, uma palavra feminina está sempre oculta:

Corta o cabelo à (maneira de) Rodrigo Santoro.

O carteiro não foi à Rua da Alfândega, mas à (Rua) do Ouvidor.

Dirigi-me à Livraria Nobel e, depois, à (Livraria) Siciliano.

Convenhamos: não é o caso do nenê a bordo nem do estar a caminho.

Demonstrativo, amor oculto

Na língua rolam muitas histórias de amor. Uma é velha conhecida nossa. Trata-se da paixão da preposição *a* pelo artigo *a*. Eles juntaram os trapinhos há tempo. Desde então, perderam a individualidade. Viraram *à*.

Outra é o da preposição com os demonstrativos. Tudo começou com o nascimento dos pronomes *aquela* e *aquele*. Eles têm irmãozinhos gêmeos – *a* e *o*. Um pode ocupar o lugar do outro sem alterar o sentido da frase:

Aquelas que preencherem o cupom concorrerão aos prêmios.

As que preencherem o cupom concorrerão aos prêmios.

Quando vê o demonstrativo, a preposição não resiste. Sem preconceitos, amasia-se com ele. Nasce, então, a duplinha *à que*. Para chegar lá, percorre um trajeto. Ei-lo:

Sua proposta é anterior à proposta que chegou ontem.

Para não repetir o substantivo *proposta*, há uma saída. A gente o substitui pelo demonstrativo. Pode ser *aquela* ou a irmãzinha *a*:

Sua proposta é anterior àquela que chegou ontem.

Sua proposta é anterior à que chegou ontem.

Sofisticado, não? A fim de não tropeçar, recorra ao velho macete. Substitua o substantivo feminino que aparece antes do *a que* por um masculino (qualquer um, não precisa ser sinônimo). Se no troca-troca der *ao que*, sinal de crase. Se der *a que*, só a preposição solteirinha tem vez:

> ◖ *Sua proposta é anterior **à que** chegou ontem.*
> (Seu projeto é anterior *ao que* chegou ontem.)

> ◖ *A proposta **a que** me referi não foi aceita.*
> (O projeto *a que* me referi não foi aceito.)

> ◖ *Houve uma sugestão posterior **à que** você apresentou.*
> (Houve um projeto posterior *ao que* você apresentou.)

O nome dela, questão de preferência

Nome próprio pede artigo? Depende da região. Os nordestinos não suportam pôr o *a* ou o *o* na frente do nome. Dizem:

> ◖ *Encaminhei as cartas para Maria.*

> ◖ *Maria saiu.*

> ◖ *Paulo é irmão de Luiza.*

Os sulistas, só pra contrariar, adoram o artigo:

> ◖ *Encaminhei as cartas para a Maria.*

> ◖ *A Maria saiu.*

> ◖ *O Paulo é irmão da Luiza.*

Por isso, usar o sinal da crase antes de nome de mulher é facultativo. Depende do gosto do freguês:

> ◖ *Encaminhou as cartas a Carolina. Encaminhou as cartas à Carolina.*

> ◖ *Dirigiu-se a Luzia. Dirigiu-se à Luzia.*

Ora, a hora

Que escravidão! O relógio não dá sossego. É hora de pular da cama, hora do banho, hora do café, hora do ônibus, hora do ponto, hora da reunião, hora do almoço, hora do banco, hora da consulta, hora do lanche, hora da carona, hora da faculdade. Ufa!

Conclusão: *hora* é pra lá de poderosa. Contra ela, não adianta lutar. O bom senso, no caso, aconselha entender-se com a controladora. É o que diz o povo sabido: "Se você não pode com ela, junte-se a ela".

O que fazer? Só há uma saída – aprender a indicar as horas. Em outras palavras: usar o grampinho se necessário. Mandá-lo pras cucuias se for preciso:

> ◗ *Meu expediente começa às 8 horas.*

> ◗ *Estou ao telefone desde as 2 horas.*

> ◗ *Trabalho das 8h às 12h.*

Não esquente a cabeça. Na dúvida, recorra ao macete. Substitua *hora* por *meio-dia*. Se no troca-troca der *ao*, ponha o acento. Caso contrário, xô! Nem pensar. Aprecie o tira-teima aplicado nas frases anteriores:

> ◗ *Meu expediente começa **ao** meio-dia.*

> ◗ *Estou ao telefone desde **o** meio-dia.*

> ◗ *Trabalho das 8h **ao** meio-dia.*

Falsa crase, a enganadora

Nem sempre o grampinho resulta da fusão de dois aa. Às vezes, a clareza fala mais alto. Apela-se, então, para a falsa crase. Usa-se *à*. É o caso de *vender à vista*. Aí, não ocorre o encontro dos dois aa. No tira-teima, fica clara a ausência do artigo: *vender a prazo*.

Por que o *à*? Para evitar mal-entendidos. Sem o acento, poder-se-ia entender que se quer vender a vista (o olho). O mesmo ocorre com *bater à máquina*. Sem o grampinho, parece que se deu pancada na máquina.

Quando ocorre duplo sentido? Geralmente nas locuções que indicam meio ou instrumento: *Matou-o à bala. Feriram-se à faca. Escreve à tinta. Feito à mão. Enxotar à pedrada. Fechar à chave. Matar o inimigo à fome. Entrar à força.*

O acento é obrigatório? Ou só tem vez em caso de ambiguidade? Sem risco de duas interpretações, fica a gosto do freguês. Mas há forte preferência pela falsa crase. Com ela, não dá outra. É acertar. Ou acertar.

Fique a distância

A locução *a distância, à distância* é outra vítima da incompreensão gramatical. Às vezes, o substantivo *distância* anda na companhia do artigo. Outras, dispensa o acompanhante. Vale o exemplo do aviso que aparece na traseira de ônibus e caminhões: *Mantenha distância*.
Daí:
À distância só tem vez se a distância for determinada:

> ● *Vi Maria à distância de mais ou menos 100 metros. Os sem-terra marchavam à distância de um quilômetro. Vigie Maria à distância de não menos que 50 metros.*

A distância se usa quando a distância não for determinada:

> ● *A UnB oferece cursos a distância. A distância, todos os gatos são pardos. Acompanhe-a discretamente, a distância.*

Percentagem, as opções

Percentagem ou porcentagem? Tanto faz. A primeira forma se inspirou no inglês. Na língua de Shakespeare, dizem *percentage*, filhote de *per cent*. A segunda vem da terrinha. Em Pindorama, dizemos *por cento*. Daí *porcentagem*.

E a escrita? Há duas formas. Uma: com todas as letras. É o caso de sessenta por cento. A outra: com algarismos – 60%. Qual a melhor? A segunda. Ela tem duas vantagens. A primeira: é econômica. A segunda: é de leitura rápida. São exigências do mundo moderno.

A maior exigência, porém, é a clareza. Diante dela, cessa tudo que a musa antiga canta. Se escrever mais de um valor da porcentagem,

esbanje. Repita o sinal em cada um deles: *Os salários devem subir entre 10% e 30% (nunca entre 10 e 30%). Os descontos vão de 10% a 50%. Uns 30% ou 40% da população vivem com um salário mínimo.*
A concordância? A concordância tem três manhas.

 Com o número anteposto ao verbo, prefere-se a concordância com o termo posposto, mas se pode concordar com o numeral:

▷ *Pesquisas antecipam que 15% dos eleitores deixarão de ir às urnas.*

▷ *Cerca de 1% dos estudantes tumultuaram (tumultuou) a passeata.*

▷ *Ninguém duvida de que 30% da população vive (vivem) com menos de US$ 2 por dia.*

 Se o numeral for determinado, a concordância só se fará com ele:

▷ *Os 10% restantes deixaram para votar nas primeiras horas da tarde.*

▷ *Uns 8% da população economicamente ativa ganham acima de 10 mil dólares.*

▷ *Este 1% de indecisos decidirá o resultado.*

▷ *Bons 30% dos candidatos faltaram à convocação.*

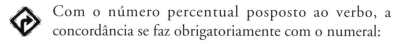 Com o número percentual posposto ao verbo, a concordância se faz obrigatoriamente com o numeral:

▷ *Abstiveram-se de votar 30% da população.*

▷ *Tumultuou o processo 1% dos candidatos inconformados com a flagrante discriminação.*

▷ *Saiu da sala apenas 1% dos alunos.*

Tempo, sempre ou às vezes

Nos domingos? Aos domingos? Quando usar um ou outro? As duas construções são ardilosas. Parecem sinônimas. Mas sinônimas não são. Para não cair na cilada, uma condição se impõe: saber a diferença entre *aos* e *no*.

Aos domingos significa todos os domingos:

- *Vou à missa aos domingos.*

- *Em Brasília, não se discute mais a abertura do comércio aos domingos.*

- *Você trabalha aos domingos?*

Os outros dias da semana não fogem à regra. Pedem a preposição *a* quando indicam ação que se repete regularmente:

- *Em quase todo o mundo, os museus abrem aos domingos e fecham às segundas-feiras.*

- *Meu plantão é às quintas-feiras.*

- *Tenho aula de inglês às quartas e sextas.*

A preposição *em* (no sábado, no domingo, na segunda) dá o seguinte recado: o fato ocorre só uma vez ou de vez em quando. Nada de repetições regulares:

- *João Marcelo se batizou no sábado.*

- *Paulo e Maria se casam na sexta-feira próxima.*

- *Vou viajar na quinta e volto no domingo.*

- *O filho deles nasceu na terça-feira passada.*

Em resumo: *ao* ou *no* é questão de frequência. *Ao* indica repeteco regular. *No*, ocorrência eventual.

Palavras que confundem

Lembra-se da tomada e do focinho de porco? Ambos são salientes e têm dois buracos. Mas um dá choque. O outro cheira. Confundi-los acarreta problemas. Melhor estar atento às diferenças.

Na língua também há tomadas e focinhos de porco. Trata-se de palavras que, na aparência ou na pronúncia, são quase iguais. Mas uma não conhece a outra nem de elevador. É o caso de *hora* e *ora*, *oh!* e *ó*, *mas* e *mais*, *mal* e *mau*.

Ora x hora

A pronúncia de *hora* e *ora* é a mesma. Mas o sentido não tem nenhum parentesco. Veja como não cair na esparrela de tomar uma pela outra:

Hora significa 60 minutos:

- ▶ *A velocidade na ponte é de 60km por hora.*
- ▶ *Ganho R$ 50,00 por hora de trabalho.*
- ▶ *Quando divertir-se? A qualquer hora. Afinal, como diz o outro, toda hora é hora.*

Ora quer dizer por enquanto, por agora:

- ▶ *Por ora, a velocidade na ponte é de 60km por hora.*
- ▶ *O governo não pretende, por ora, privatizar as universidades federais.*
- ▶ *Lamento, mas, por ora, nada posso fazer.*

Oh! e ó

Oh! ou *ó*? A pronúncia de uma é gêmea univitelina da outra. Por isso, na hora de escrever, pinta a confusão. São duas grafias. E dois sentidos. Quando usar uma palavra ou outra?

O *ó* aparece no vocativo, quando a gente chama alguém:

- ▶ *Deus, ó Deus, onde estás que não me escutas?*
- ▶ *Até tu, ó Brutus, meu filho?*
- ▶ *Seu pai morreu? Morreu pra você, ó filho ingrato.*

O *oh!* é interjeição. Tem vez quando a gente fica de boca aberta de admiração ou espanto:

- ▶ *Oh! Que linda voz!*
- ▶ *Oh! Que trapaceiro! Quem diria, hem?*
- ▶ *Oh! Que surpresa!*
- ▶ *Ó Paulo, não entendi seu oh! de espanto. Pode me explicar?*

Mas e mais

Mais é o contrário de *menos*:

- ▶ *Trabalho mais (menos) que ele.*
- ▶ *Se pudesse, viajaria mais (menos).*
- ▶ *Um mais um é igual a dois.*
- ▶ *É isso: sem mais nem menos.*

Mas quer dizer porém, todavia, contudo, no entanto, entretanto:

- ▶ *Tirei boas notas, mas (porém) não consegui me classificar entre os dez primeiros.*
- ▶ *Lula viaja muito, mas (no entanto) não se cansa.*
- ▶ *Ele trabalha pouco, mas (contudo) ganha muito.*

Mau e mal

Com *u* ou com *l*? Os professores não se cansam de explicar:
Mau é adjetivo: *homem mau, lobo mau, mau funcionário, mau humor.*
Mal tem dois papéis:

Pode ser substantivo: *Nos filmes, o mal não tem vez. A violência é o mal da atualidade. A tuberculose foi o mal do século 19.*

 Pode ser advérbio: *Dormi mal. Trabalha mal. Anda mal das pernas. Não tenho paciência com mal-humorados.*

Na dúvida, recorra ao macete. *Mau* é o contrário de *bom*. Reescreva a frase. Deu *bom*? O *u* pede passagem: *homem mau (homem bom), lobo mau (lobo bom), mau funcionário (bom funcionário), mau humor (bom humor).*

Mal opõe-se a *bem*: *Nos filmes, o bem não tem vez. A tuberculose foi o bem do século 19. Dormi bem. Anda bem das pernas. Só tenho paciência com bem-humorados.*

Guarde isto: como diz o outro, não confie no ouvido. Ele engana o bobo na casca do ovo.

Moral, questão de gênero

O moral? A moral? As duas palavras estão em todos os dicionários. Escrevem-se do mesmo jeitinho. Mas o gênero faz a diferença. Uma é macha. A outra, fêmea. Muita gente não sabe disso. Na maior ingenuidade, mistura alhos com bugalhos. O resultado é um só. Pensa que está dando um recado, dá outro. Pior: não dá recado nenhum. Deixa o leitor a ver navios.

A juventude dificilmente fala em *moral*. Rapazes e moças preferem dizer *astral*. Há pessoas que têm alto astral. Outras, baixo astral. É o mesmo que *o moral*. No masculino, a dissílaba indica estado de espírito, disposição de ânimo:

- *Com a vitória da escola, o moral dos foliões foi pras alturas.*
- *Ao ver Saddam Hussein preso, o moral dos seguidores do líder iraquiano despencou.*
- *Depois da derrota, os jogadores ficaram com o moral baixo. O técnico foi ao vestiário para animá-los. Mas não conseguiu. Eles mantiveram o moral no chão.*

A meninada anda impaciente. Quando ouve bronca, sai com esta:
– Ih! Lá vem lição de moral.

A lição de moral é norma de conduta, moralidade. É coisa de mãe. Só o feminino tem vez.

Aprecie:

- ❏ *A moral nacional depende da cultura de cada povo.*

- ❏ *Você sabe qual a moral da fábula "A raposa e as uvas"?*

- ❏ *Afinal, aonde você quer chegar? Qual a moral da história?*

Resumo da ópera: falou em astral? Dê vez ao masculino (o moral). Trata-se de lição de moral? O feminino pede passagem (a moral).

Sobressair, o solitário

– Eu sou mais eu, diz o verbo sobressair. Altivo, ele acredita que é melhor andar só que mal-acompanhado. Adora reinar sozinho na frase.

Resultado: dispensa o objeto direto e o indireto. Não aceita jamais a companhia dos pronomes *me, te, se, nos, vos*. Dizer, por exemplo, o presidente "se sobressai" é a receita do cruz-credo. Pega mal como jogar papel na rua.

Para sobressair, empregue o *sobressair* assim:

- ❏ *Os formandos sobressaíram* (nunca *se sobressaíram*) *na pesquisa.*

- ❏ *Os americanos sobressaem* (jamais *se sobressaem*) *na corrida espacial.*

- ❏ *Eu sobressaio* (não *me sobressaio*) *na defesa dos servidores.*

- ❏ *Sobressaia* (não *se sobressaia*) *no trabalho, na família e na vida.*

Milhão, o macho

Milhão é substantivo. Masculino convicto, não muda de sexo nem com reza braba. Como qualquer substantivo, obriga o numeral a concordar com ele: *dois meninos, duas meninas; um milhão de declarações, dois milhões de declarações. Foram processados mais de dois milhões de declarações do Imposto de Renda.*

Bilhão, trilhão e outros *ões* são irmãos gêmeos do *milhão*. Invejosos, funcionam do mesmo jeitinho, sem tirar nem pôr: *um bilhão de declarações, dois bilhões de declarações.*

Na dúvida, seja esperto. Substitua o *dois* por *um*. Ninguém diz "uma milhão" de pessoas.

Pedir, o jeitoso

O filho pede aumento de mesada. O empregado pede acréscimo de salário. O aluno pede nota. O amado pede a mão da amada (e outras coisinhas mais). Todos conjugam o verbo pedir. Alguns são atendidos. Outros, não. O segredo? O jeitinho de pedir.

A chave está no *pedir para* e *pedir que*. As duas construções parecem irmãzinhas. Mas quilômetros de distância as separam. *Pedir para* esconde a palavra *licença: A filha pediu ao pai* (licença) *para pegar o carro. O aluno pediu* (licença) *para sair mais cedo. A secretária pediu* (licença) *para fazer uma ligação interurbana.*

Não é pedido de licença? Então fique com *pedir que: O diretor pede à secretária que aguente* (não *para aguentar* ou *para que aguente*) *o aumento de trabalho comum no fim do ano. O empregado pediu ao chefe que não lhe desse só aumento de trabalho. Mas um aumentinho de salário.*

Dado, sem discriminação

Há um particípio que dá trabalho. Trata-se de *dado*, filhote do verbo dar. Muitos o confundem com locução prepositiva. Jogaria no time de *à base de, em frente a, acerca de, a fim de, além de, graças a, junto a* e tantas outras. Seria, por isso, invariável.

O resultado é um só. Gente boa ou nem tanto escreve frases arrepiantes como estas: *Dado as circunstâncias, o governo recuou. Dada a rapidez da entrega, o motorista mudou o trajeto. Dado a reação dos presentes, o orador trocou a argumentação.*

Nada feito. O particípio concorda com o substantivo a que se refere. Observe os exemplos:

- ▶ *Estudadas as lições, o professor dispensou a turma.*

- ▶ *Consideradas as circunstâncias, muitos recorrerão à Justiça.*

- ▶ *Feitos os reparos, a sessão pôde prosseguir.*

- ▶ *Lido o relatório, nada mais podia ser feito.*

Dado não goza de privilégio. Segue a regra do particípio – concorda em gênero e número com o substantivo:

- ▶ *Dadas as circunstâncias, o governo recuou.*

- ▶ *Dada a rapidez da entrega,o motorista mudou o trajeto.*

- ▶ *Dada a reação dos presentes, o orador trocou a argumentação.*

- ▶ *Dados os antecedentes, foi fácil descobrir provas.*

Redundâncias, as manhosas

Há pleonasmos e pleonasmos. Alguns estão na cara. São tão visíveis quanto melancia pendurada no pescoço. É o caso de *subir pra cima, descer pra baixo, entrar pra dentro, sair pra fora, elo de ligação,*

hábitat natural, países do mundo, conviver junto, surpresa inesperada.
Pudera. As redundâncias estão na cara. Só se pode subir pra cima, descer
pra baixo, entrar pra dentro, sair pra fora. Todo elo liga. Todo hábitat
é natural. Todos os países são do mundo. Toda surpresa é inesperada.

O problema são os pleonasmos malandros. Três palavras
merecem atenção especial. Uma delas é *ainda*. Outra: *continua*. A
última: *manter*. Sozinhas, elas são inocentes como recém-nascidos. O
problema é a companhia. Quando as danadinhas se juntam a maus
elementos, é um deus nos acuda. Quer ver?

Ainda mais

> ◗ *O programa ainda vai levar mais cinco meses.*

O *ainda* dispensa o *mais*. E o *mais* não quer saber do *ainda*. Fique
com um ou outro: *O programa ainda vai levar cinco dias. O programa
vai levar mais cinco dias.*

Ainda continua

> ◗ *Apesar das dificuldades, o diretor ainda continua esperançoso.*

Feio, não? O *continua* dá ideia de continuidade. O *ainda*
também. Os dois juntos dão indigestão. Decida por um deles: *Apesar
das dificuldades, o diretor continua esperançoso. Apesar das dificuldades,
o diretor ainda está esperançoso.*

Manter o mesmo

> ◗ *O técnico vai manter a mesma equipe no jogo contra
> a Alemanha.*

Cruz-credo! *Manter* só pode ser a mesma. Se não for a mesma,
troque o verbo: *O técnico vai manter a equipe no jogo contra a Alemanha.*

Embora, a raivosa

Palavras são como gente. Umas se amam. Outras se odeiam. Outras, ainda, são indiferentes. Entre as raivosas, está o *embora*. A conjunção detesta o gerúndio (embora sendo). Ela prefere arder nas chamas do inferno a se juntar à indesejável companhia.

O *embora* tem um único e eterno amor. É o subjuntivo. O indicativo tenta tirar uma casquinha. Não tem vez: *Fuma embora seja atleta. Trabalhava muito embora ganhasse pouco. Embora tenha conquistado o 4º lugar nas Olimpíadas, o futebol feminino não tem apoio por aqui.*

De + eu, o elitismo

Na gramática, nem todos são iguais perante a lei. Alguns são mais iguais. É o caso do sujeito. Dono e senhor da oração, ele manda e desmanda. Com ele ninguém pode. Um dos caprichos do mandachuva: nunca vir preposicionado. Por isso, nem em delírio combine o artigo ou o pronome que acompanha o todo-poderoso com a preposição. É briga certa. Dizer: *É hora do show começar?* Valha-nos, Deus. Peça perdão de joelhos. E redima-se: *É hora de o show começar.*

Veja exemplos: *É hora de o trem* (sujeito) *chegar. Sobre a possibilidade de Bush* (sujeito) *atacar o Irã, muito se falará. É tempo de a TV* (sujeito) *diminuir a violência.*

A mesma distância aristocrática vale para o pronome. Diante do sujeito, não duvide. É um pra lá e outro pra cá: *Chegou o momento de ela* (sujeito) *agir. Está na hora de eu* (sujeito) *entrar.*

 Para ser mais igual, o sujeito vem sempre seguido de verbo no infinitivo: *Antes de o galo cantar, tu me negarás três vezes.*

Em face de, a legítima

Junta-te aos bons que serás um deles. Vinicius usou "mesmo em face do maior encanto". A razão é simples. *Face a* não existe. A locução é *em face de*: *Em face do exposto, determino o arquivamento do processo. Em face da silabada, a namorada rompeu o compromisso.*

A partir, o começo

Mantenha os olhos bem abertos. *A partir de* significa *a começar*: *A partir de julho, as passagens ficarão mais caras. Aumento de salário? Tratemos do assunto a partir de maio. A partir de julho, viajarei ao Rio todas as semanas.*

Misturar *a partir de* com *começar* é baita pleonasmo:

> ◉ *Começaremos a pensar no assunto a partir de janeiro?*

Xô, desperdício! Melhor ficar com um ou outro:

> ◉ *Começaremos a pensar no assunto em janeiro. Pensaremos no assunto a partir de janeiro.*

Demais x de mais, o excesso

Demais e *de mais* – os dois existem. São formados pelas mesmas palavras (de + mais). Mas exprimem ideias diferentes. *Demais* significa demasiadamente. Pode ser substituído por *muito*: *Comeu demais (muito). Falou demais (muito).*

De mais, separadinho, quer dizer *a mais*. É o contrário de *de menos*: *Na confusão, recebi troco de mais (de menos). Até aí, nada de mais (de menos).*

Já x mais, dois bicudos

Você sabia? Nas indicações temporais, existem os bicudos. E, como diz o outro, eles não se beijam. Trata-se do *já* e do *mais*. Onde couber um, o outro não tem vez: *Quando os bombeiros chegaram, a vítima já não respirava* (nunca *não respirava mais*). *Já não há lei que iniba as invasões em Brasília* (jamais *já não há mais lei que iniba as invasões*). *Quando entregou o projeto de tese, já não se preocupava* (nem pensar *não se preocupava mais*).

Em vez de, vale por dois

Duas locuções dão nó nos miolos. Uma: *ao invés de*. A outra: *em vez de*. Dizem que só doze pessoas sabem o significado das mocinhas. Uma delas é o chefe. Sem dominar a diferença, adeus, oportunidade! Melhor não cair na esparrela.

Ao invés de significa *ao contrário de*. É contrário mesmo, oposição: *Saiu ao invés de ficar em casa. Comeu ao invés de jejuar. Há religiões que pregam a morte ao invés de pregar a vida.*

Nas demais acepções, só *em vez de* ganha passagem. As três letrinhas querem dizer *em lugar de, em substituição a*: *Comeu frango em vez de peixe. Em vez de ir ao teatro, foi ao cinema. Convidou Maria em vez de Célia. Em vez de salário alto, luto por boas condições de trabalho.*

 Deixe o *ao invés de* pra lá. A locuçãozinha *em vez de* o substitui. Ela vale por dois: *Comeu em vez de jejuar. Em vez da carta, mandou e-mail.*

À medida que x na medida em que, 8 ou 80

Na língua ocorrem misturas heterodoxas. São os cruzamentos. Parte de uma estrutura se junta a parte de outra. O resultado é um deus nos acuda. Parece filhote de jacaré com tartaruga. Um dos candidatos a mostrengos são as locuções *à medida que* e *na medida em que*. Cada uma tem seu significado:

 À medida que = à proporção que

Meu inglês melhora à medida que pratico a língua. À medida que o vírus se alastra, aumenta o número de gente gripada. A pessoa perde o medo da redação à medida que escreve mais e muito.

 Na medida em que = porque, tendo em vista

O desemprego continua alto na medida em que não se resolveu o problema dos juros. Aumentaram os casos de desidratação na medida em que a umidade relativa do ar chegava a níveis críticos.

Reparou? O *em* tem mania de grandeza. Exagerado, aparece duas vezes numa forma (*na* medida *em que*) e nenhuma noutra (à medida que). Com ele é assim: 8 ou 80.

De vez em quando o filhote esdrúxulo ganha vida. Aparece a locução *à medida em que*. Valha-nos, Deus! Pernas, pra que vos quero?

 Para não esquecer, lembre-se do 8 ou 80: *à medida que* tem três palavras. É o 8. *Na medida em que* tem cinco. É o 80. Com elas, a coluna do meio não tem vez.

Falar e dizer, a usurpação

Controle remoto na mão, Rafael sintonizou a TV Câmara. Discursos invadiram a sala. Os políticos se vendiam embalados para presente. Ele reclamou:

– Eles falam, falam, mas não dizem nada.

A mulher concordou:

– Falou e disse.

Do diálogo, fica uma certeza. Os verbos *falar* e *dizer* não são sinônimos. Um e outro têm empregos definidos.

Falar não equivale a *dizer, afirmar, declarar*. Mas a *dizer palavras, expressar-se por meio de palavras*:

- ❯ *Ele fala várias línguas.*

- ❯ *Falou com o prefeito.*

- ❯ *Não falará no assunto.*

- ❯ *O apelo da criança fala ao coração.*

Dizer é verbo declarativo. Equivale a *declarar, afirmar*:

- ❯ *O governo disse que aumentará o salário mínimo.*

- ❯ *Ninguém diz toda a verdade.*

- ❯ *Jesus disse:*
  – Vinde a mim as criancinhas.

Na dúvida, substitua o *falar* pelo *dizer*. Se der certo, mande o *falar* pras cucuias:

- ❯ *Ministro fala (diz) na TV que o dólar vai baixar.*

- ❯ *O professor falou (disse) que vai haver aula.*

- ❯ *Quem falou (disse) isso?*

O *falar* tem arrepios quando acompanhado da conjunção *que*. Os dois são inimigos inconciliáveis. Na presença do *falar que*, não duvide. Você está diante de um usurpador. Ele fala, fala e não diz nada. A gente tem de falar e dizer. Devolva o posto ao *dizer*.

A nível de, a praga da frase

Existem palavras e expressões que viram praga. Espalham-se como água morro abaixo e fogo morro acima. Como quem não quer nada, caem na boca do povo. Todos as repetem como se fossem de carne e osso. Uma delas é *a nível de*. No rádio, na tevê, nos discursos em plenário, na conversa dos amigos, pululam frases como estas:

- *Faço um curso a nível de pós-graduação.*
- *A decisão foi tomada a nível de diretoria.*
- *O projeto ainda está a nível de papel.*

Acredite: *a nível de* não existe. O que há é *ao nível de* e *em nível de*. As duas expressões se parecem. Mas não se confundem:

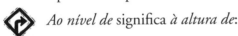 *Ao nível de* significa *à altura de*:
- *Recife fica ao nível do mar. O cargo de Maria está ao nível do de Luís.*

 *Em nível de* quer dizer *no âmbito de*:
- *Faço um curso em nível de pós-graduação.*
- *A decisão foi tomada em nível de diretoria.*

Cá entre nós. *Em nível de* existe. Mas é dispensável. Como tudo que é dispensável, sobra. Livre-se dele. A frase ganha em concisão e elegância:

- *Faço um curso de pós-graduação.*
- *A decisão foi tomada pela diretoria.*
- *O projeto ainda está no papel.*

A língua é um sistema de possibilidades. Democrática, dá liberdade de escolha. Podemos dizer a mesma coisa de diferentes maneiras. A mais curta e enxuta ganha disparado. Fique com ela.

Haver

Entre os pra lá de desiguais, destaca-se o *haver*. Lá longe, no curso primário, nossos professores diziam:

– O verbo haver, no sentido de existir e ocorrer, é impessoal.

Tradução: a maioria dos verbos – comuns, rotineiros, sem charme – é pessoal. Conjuga-se em todas as pessoas (eu, tu, ele, nós, vós, eles).

Veja, por exemplo, o laborioso *trabalhar*: eu trabalho, tu trabalhas, ele trabalha, nós trabalhamos, vós trabalhais, eles trabalham.

O *haver* é diferente. Singular, detesta fazer parte de rebanho. Na acepção de ocorrer e existir, é impessoal. Sem sujeito, só se conjuga na 3ª pessoa do singular:

- *Acompanhamos as tentativas que houve (existiram) até aqui.*

- *Houve (ocorreram) poucos distúrbios em Brasília durante a passeata.*

- *Nós temos consciência da demanda da classe média por habitações que não havia (existiam) no mercado.*

Por que se faz tanta confusão com criatura tão especial? Muitos não prestaram atenção às palavras do professor. Ou não entenderam a lição. Até hoje, barbudos e carecas pensam que o sofisticado *haver* é igual aos outros verbos. Esquecem-se de que ele não tem sujeito.

Com medo de errar, imaginam que o objeto direto é o sujeito, sobretudo se o verbo estiver no passado. Quando se diz "houve poucos distúrbios", *distúrbios* não é sujeito, mas objeto direto, ao contrário do que pensam os desavisados.

Há x a

O verbinho singular dá uma ajuda na contagem de tempo. No caso, ele só olha pra trás. Indica passado. É como o *fazer*, que também joga no time do que foi:

- ▶ *Paulo se mudou para o Rio de Janeiro há (faz) 20 anos.*
- ▶ *Estive na Europa há (faz) dois meses.*
- ▶ *Chegou há (faz) pouco.*
- ▶ *Executava a função fazia (havia) 20 anos.*

E o tempo futuro? Esse é mais antigo que o rascunho da *Bíblia*. Com ele, só a preposição a tem vez:

- ▶ *Daqui a dois anos acabo o curso.*
- ▶ *O avião chega daqui a pouco.*
- ▶ *A sete meses da eleição de outubro, o PMDB decidiu não ter candidato próprio.*

Há... atrás

A língua se parece com as pessoas. Entre as palavras existem as intolerantes. Vale o exemplo de há... atrás. Usá-las na mesma frase constitui redundância. Não caia na tentação de dizer:

- ▶ *Fui à Europa há dois anos atrás.*

Para evitar confusão, fique com uma ou outra:

- ▶ *Fui à Europa há dois anos.*
- ▶ *Fui à Europa dois anos atrás.*

Auxiliares

Atenção, muita atenção. A impessoalidade é contagiosa. Os auxiliares do *haver* também se tornam impessoais:

- ▶ *Deve haver muitos distúrbios durante o carnaval.*
- ▶ *Com as novas regras, ia haver habitações populares no mercado.*
- ▶ *Pode haver leilões no próximo fim de semana.*

Para acertar sempre: quando se vir tentado a flexionar o verbo haver, pense. No sentido de ocorrer e existir, ele é invariável, irremediavelmente fiel à 3ª pessoa. Por via das dúvidas, risque o *houveram* do seu vocabulário. Você nunca o usará.

Reaver, o filho do peixe

As palavras são como as pessoas. Umas e outras adoram pregar peças. Quando a gente cai na armadilha, as gozadoras morrem de rir. É o caso do verbo reaver. Ele tem toda a pinta de ser derivado do verbo ver. Mas não é. Você sabe quem é o pai dele?

Acredite. *Reaver* é filhote de *haver*. Significa haver de novo, recobrar, recuperar: *A casa de Maria foi assaltada. Os ladrões levaram dólares e joias. A polícia os prendeu. Mas não conseguiu reaver nada.*

Reaver tem um grande defeito. É preguiçoso que só. Por isso, joga no time dos verbos defectivos. Não se conjuga em todos os tempos e modos. Com ele, só têm vez as formas em que aparece o *v*, de *haver*. No presente do indicativo, por exemplo, apenas o *nós* e o *vós* ganham passagem: *nós reavemos, vós reaveis.*

O indolente não tem o presente do subjuntivo. Mas exibe todas as pessoas do passado e do futuro: reouve, reouvemos, reouveram; reavia, reavias, reavíamos; reaverei, reaverão; reaveria, reaverias, reaveríamos, reaveriam; reouver, reouveres, reouvermos; reouvesse, reouvéssemos.

E por aí vai.

Eis exemplos do emprego do verbo preguiçoso:

- ▶ *O pai reouve a confiança do filho.*

- ▶ *Sempre que possível, ele reavia o dinheiro perdido no jogo.*

- ▶ *Ainda reaverei os pontinhos que perdi na prova.*

- ▶ *Quando reouver as joias, Maria vai vendê-las.*

- ▶ *Se eu reouvesse minha herança, faria longa viagem pelos cinco continentes. Adeus, monotonia!*

Cuidado com as tentações. *Reavê, reaviu, reaveja* não existem. Seriam derivados de *ver*. E *reaver* vem de *haver*. Mas não fique triste. Eles não fazem falta. *Recuperar* ou *recobrar* os substituem numa boa.

Chegar, o verbo fiel

Onde está a fidelidade? Ninguém sabe. Busca aqui, procura ali, nada. Só adúlteros. Explicações não faltam. Vinicius diz que fidelidade e amor andam lado a lado. Uma e outro são infinitos enquanto duram.

Millôr concorda. "Fidelidade", jura ele, "tem a duração da permanente no cabelo". O povão não tem dúvida. Proclama aos quatro ventos: "Muito amor à primeira vista não resiste a um segundo olhar".

Quem escapa? Só o verbo *chegar*. Ele é fiel e não abre. Apaixonado desde sempre pela preposição *a*, não pensa em mudar o objeto do desejo. Esteja onde estiver, chegue aonde chegar, a companhia dele é uma só – o azinho. Aprecie:

- ▶ *Paulo chegou a São Paulo ontem. De lá, foi ao Rio. Chega a Brasília daqui a dois dias.*

- ▶ *Gal chegou ao teatro às nove em ponto.*

- ▶ *Aonde você quer chegar? A lugar nenhum.*

- ▶ *O voo chega a Salvador à noite.*

Alguns desavisados tentam jogar o verbinho no mau caminho. Impõem-lhe a preposição *em* (chegou em São Paulo, cheguei na loja, chegamos no trabalho). Xô, satanás!, reage o obsessivo que só tem olhos para o *a*.

Quem, o gilete

Fui eu quem fez o trabalho? Fui eu quem fiz o trabalho? O *quem* é um dos espinhos da língua. Muita gente corre dele. Não sabe se faz a concordância com o pronome pessoal ou com o *quem*.

Para não dar vexame, busca outra construção. É uma saída. Mas vale a pena saber que o *quem* não é nenhum bicho de sete cabeças. Basta entendê-lo para descobrir que o leão é manso.

- Primeiro passo: saber que um é dois. *Quem* equivale a dois pronomes – *aquele que:*

- *Eu admiro quem (aquele que) me admira.*

- Segundo passo: desvendar a paixão do verbo. Ele é louquinho pela 3ª pessoa do singular. Por isso, adora concordar com *quem*:

- *Não fui eu **quem saiu** cedo.*

- *Não foi ele **quem chegou** atrasado.*

- *Somos nós **quem decifra** o endereço.*

- *Foram eles **quem pagou** a conta.*

Esquisito? Pode ser. Mas, se invertermos a ordem das orações, a construção soa natural:

- *Quem entregou a carta fui eu.*

- *Quem chegou atrasado não foi ele.*

- *Quem decifra o endereço somos nós.*

- *Quem pagou a conta foram eles.*

A língua é um conjunto de possibilidades. O *quem* morre de paixão pela 3ª pessoa do singular. Mas suporta outra construção. Se quiser, você pode fazer a concordância com o pronome pessoal:

- *Fui **eu quem saí** cedo.*
- *Não foi **ele quem chegou** atrasado.*
- *Somos **nós quem deciframos** o endereço.*
- *Foram **eles quem pagaram** a conta.*

Acredite: o *quem* não ama essa forma. O amor dele, de verdade, é a 3ª pessoa do singular. Mas o pequenino é gilete. Corta dos dois lados.

De encontro x ao encontro, os opostos

De encontro? Ao encontro? Cuidado! As duas expressões se parecem, mas não se confundem. Uma é o contrário da outra. Trocar as bolas só traz prejuízo.

 De encontro a significa contra, no sentido contrário, em contradição:

- *O carro foi de encontro à árvore.*
- *A reforma da Previdência vai de encontro aos interesses dos funcionários públicos. Dos inativos, então, nem se fala.*
- *A queda do dólar vai de encontro às expectativas dos exportadores.*

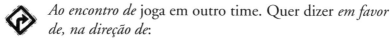 *Ao encontro de joga em outro time. Quer dizer em favor de, na direção de:*

- *O pai caminhou ao encontro do filho.*
- *A iniciativa do ministro vai ao encontro da necessidade dos usuários.*
- *A redução no preço da gasolina vem ao encontro do bolso dos consumidores.*

Hora, a sem-sem

É bom lembrar. Nesta alegre Pindorama, fala-se português. Por isso, a abreviatura de horas não suporta dois pontos (2:15 é coisa de inglês). Aqui a redução segue regras próprias. Nada de plural. Nem de espaço. Nem de ponto depois da abreviatura: *2h, 2h15, 2h15min40.*

Enquanto, a usurpadora

A conjunção *enquanto* liga orações: verbo com verbo. Indica que duas ações se passam ao mesmo tempo:

- *Enquanto eu falo, você escuta.*
- *Você trabalhava enquanto ele ouvia música.*

Mal-empregada, a conjunçãozinha vira usurpadora. É o caso de:

- *Enquanto sociedade, demos mais um passo na direção de formas mais civilizadas de convivência.*

Valha-nos, Deus. É a receita do cruz-credo. O *enquanto* ocupa o lugar do *como* ou das locuções *na condição de, na qualidade de*:

- *Como sociedade, demos mais um passo na direção de formas mais civilizadas de convivência.*

As orações ligadas pelo *enquanto* têm que ter o mesmo tempo. Lé com lé, cré com cré. Cada sapato no seu pé:
Presente com presente: *Enquanto eu dito, você escreve.*
Passado com passado: *Paulo cozinhava enquanto Maria preparava a mesa.*

Ao menor descuido, você pode misturar, por exemplo, o pretérito perfeito com o imperfeito. Assim:

- *Enquanto o desemprego crescia, a renda despencou.*

Xô! Venha, correlação:

> Enquanto o desemprego crescia, a renda despencava.
> Enquanto o desemprego cresceu, a renda despencou.

É isso. Não acenda uma vela para Deus e outra para o diabo. Pega mal.

A par x ao par, a diferença

Ao par? A par? Depende. As duas expressões estão aí, vivinhas da silva. São parecidas. Mas não se confundem:

> *Ao par* significa estar emparelhado, caminhar lado a lado:

> *A pesquisa japonesa não está ao par da pesquisa norte-americana (isto é, a pesquisa amarela de olhinhos puxados não está nivelada com a do Tio Sam. Uma e outra não caminham lado a lado).*

> *A par* quer dizer estar por dentro, inteirado, sabedor das coisas:

> *Estou a par da guerra de bastidores da eleição passada.*

Nome próprio, sem privilégios

Nome próprio tem plural? O *Vocabulário Ortográfico* diz que ele não goza de privilégios. Flexiona-se como os comuns: os Andradas, os Silvas, os Castros. Quem não se lembra de *Os Maias*, de Eça de Queirós?

Mas há casos – a própria gramática reconhece – em que o plural descaracteriza o nome. O sobrenome Val, por exemplo, faria o plural Vales. Como agir?

Se o nome termina por vogal, acrescente *s* (os Cavalcantis). Se for consoante, não o pluralize (os Maciel, os Bacelar). Também não pluralize os nomes duplos e os estrangeiros: os Cavalcanti Proença, os Thatcher.

O mais possível, olho no artigo

Analise as frases:

> ● *Mulheres o mais elegantes possível.*
>
> *Mulheres tentadoras o mais possível.*
>
> *Mulheres as mais elegantes possíveis.*
>
> ● *Os maiores esforços possíveis.*
>
> *Os piores aposentos possíveis.*

Matou a charada? O *possível* inverteu a ordem da frase. Só para confundir. Quer ver?

> ● *Mulheres elegantes o mais possível.*
>
> *Mulheres tentadoras o mais possível.*

Eis a malandragem: o *possível* em "o mais... possível" e "os mais... possíveis" concorda com o artigo. Artigo singular? Fica no singular. Plural? Vai para o plural.

Meio x meia, a cilada

As armadilhas linguísticas ficam à espreita. Ao menor descuido, lá vamos nós. Caímos de quatro. A palavra *meio* é um dos perigos. A bichinha, cheia de meias horas, às vezes se mantém invariável. Não quer saber nem de feminino nem de plural. No caso, é advérbio. Significa *um tanto*:

> ◐ *Maria anda meio (um tanto) irritada.*

> ◐ *Na prova, mostrou-se meio (um tanto) insegura em cálculo.*

> ◐ *Elas saíram meio (um tanto) constrangidas; eles, meio (um tanto) decepcionados.*

> ◐ *Deixe as janelas meio (um tanto) abertas.*

Outras vezes *meio* quer dizer *metade*. Aí, terminou a moleza. Flexiona-se como qualquer mortal:

> ◐ *Os médicos dizem meias verdades.*

> ◐ *Comprei duas dúzias e meia (dúzia) de ovos.*

> ◐ *Eles são meios-irmãos.*

> ◐ *É meio-dia e meia (hora).*

> ◐ *Comprei duas meias-entradas.*

Flexão, a vez delas

Alegar ignorância não pega mais. A Lei 2.749, de abril de 1956, deixa claro:

Art. 1º – Será invariavelmente observada a seguinte norma no emprego oficial do nome designativo de cargo público: o gênero gramatical desse nome, em seu natural acolhimento ao sexo do funcionário a que se refira, tem que obedecer aos tradicionais preceitos pertinentes ao assunto e consagrados na lexicologia do idioma.

Em bom português, o palavreado difícil diz o seguinte: escreva no feminino os cargos públicos exercidos por mulheres. É lei: a embaixadora, a senadora, a ministra, a chefe (*chefa* é meio pejorativo), a presidenta (ou *a presidente*). E por aí vai.

Afim x a fim, as razões

Afim não se escreve coladinha por acaso. É que os iguais se atraem. *Afim* significa *que tem afinidade, semelhança*:

- ▶ *Benedita e Garotinho têm ideias afins.*

- ▶ *História e literatura são matérias afins.*

- ▶ *O espanhol é língua afim ao português.*

- ▶ *Cunhado é parente afim. Sogro também.*

A fim, desse jeito, um pedaço cá e outro lá, faz parte da locução *a fim de*. Quer dizer *para*:

- ▶ *Saiu cedo a fim de (para) ir ao cinema.*

- ▶ *Tirou férias a fim de (para) estudar para o concurso.*

Na linguagem da brotolândia, *a fim* ganha sentido coloquial, sem cerimônia. Vira *com vontade de*:

- ▶ *— Vamos ao cinema?*
  — Não estou a fim.

Sigla, a moderninha

Como escrever as siglas? Todas as letras maiúsculas? Ou minúsculas? Com ponto ou sem ponto entre as letras? Baita dor de cabeça, não? O pior é que a gente tropeça em sigla a toda hora. Abre o jornal, lá está ela. Liga a televisão, não dá outra. Conversa com os amigos, ela aparece. É Aids pra lá, PT pra cá, Mercosul para acolá.

A saída, então, é conviver com os serezinhos que frequentam nossa casa e nossa roda com a maior sem-cerimônia. Entram e saem sem pedir licença. O que fazer? As gramáticas não ajudam. Revistas e jornais, no sufoco, deram seu jeito. Ditaram as regras:

Use todas as letras maiúsculas:

• se a sigla tiver até três letras: *ONU, OEA, CEF, MEC, USP, CEB, PM.*

• se todas as letras forem pronunciadas: *BNDES, PMDB, INSS, CNBB, PSDB.*

 Se a mocinha tiver mais de três letras, cessa tudo que a musa antiga canta. Só a inicial é maiúscula: *Aids, Embrapa, Detran, Unesco, Opep, Otan, Serpro.*

Reparou? Em todos os casos, sem ponto. Se for plural, o s tem vez: PMs, Detrans.

Implicar, o implicante

O verbo implicar é dos mais traiçoeiros da língua. Como quem não quer nada, confunde o falante. Diante dele, o pobre descuidado cai na armadilha. Pior: cai em desgraça. Perde amores. Adia promoções. Deixa de ganhar preciosos pontinhos em concursos.

Implicar tem três significados. Dois deles são fáceis como andar pra frente:

 Na acepção de *ter implicância*, pede a preposição *com*:

▶ *O diretor implica com o funcionário.*

▶ *O PT implica com a senadora Heloísa Helena.*

▶ *Nós implicamos com o novo vizinho.*

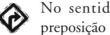 No sentido de *comprometer* ou *envolver*, exige a preposição *em*:

▶ *Paulo implicou o pai no acidente.*

▶ *Fernandinho Beira-Mar implicou autoridades no crime organizado.*

▶ *A estagiária implicou Clinton no escândalo.*

A armadilha está no terceiro significado. Querendo dizer *pressupor* ou *produzir como consequência*, o verbo é livre como passarinho na mata. Transitivo direto, não aceita preposição nem a pedido de Deus:

◐ *A taxação dos aposentados implica desrespeito aos direitos adquiridos.*

◐ *A troca de ministros implica mudança na equipe do governo.*

◐ *O ministro bateu pé: o aumento do salário dos servidores implica aumento da dívida pública.*

Artigo, o galo da concordância

A gente estuda. Sua a camisa. E comemora: "Viva! O assunto está no papo". Tempos depois, vem a descoberta. O que parece ser nem sempre é. Vale o exemplo de Estados Unidos. A palavra é um substantivo próprio no plural. Joga no time de *Palmeiras, Camarões* e *Minas Gerais*. Com eles, qual é a do verbo? Vai para o singular ou plural? Quem dá a resposta é o artigo. Olho nele.

 Se o nome vem acompanhado do pequenino, o verbo concorda com ele. Sem o monossílabo, é a vez do singular:

◐ *Os Estados Unidos invadiram o Iraque.*

◐ *O Palmeiras ganhou do São Paulo.*

◐ *Camarões fica na África.*

◐ *Minas Gerais fica na Região Sudeste.*

 O artigo adora brincar de esconde-esconde. Às vezes, sobretudo em títulos, siglas e textos publicitários, o danadinho não aparece. Olho vivo! Ele conta como se presente estivesse:

- ► *(Os) EUA invadiram o Iraque.*

É isso: com os substantivos próprios no plural, o artigo canta de galo. Cocorocóóóóóóó.

Entre x dentre, a dúvida

Entre ou *dentre*? Quase sempre *entre*. *Dentre* tem uso muito limitado. Significa *do meio de*. É resultado do casamento da preposição *de* com a preposição *entre*. Para que ocorra o matrimônio, um verbo precisa pedir a preposição *de*. Sair, saltar, ressurgir servem de exemplo:

- ► *O macaco saiu dentre duas árvores.*
  (Quem sai sai de algum lugar. De onde? De entre duas árvores, do meio de duas árvores).

- ► *O pássaro começava a saltar dentre o arvoredo.*
  (Quem salta salta de algum lugar. De onde? De entre o arvoredo).

No mais, abra alas para o *entre*:

- ► *Entre os convidados estava o ator global.*

- ► *Nada existe entre mim, você e ele.*

Mais bem x mais mal, a meia lição

Os professores repetem convictos:

– *Mais bem* e *mais mal* não existem. As formas corretas são *melhor* e *pior*.

Mais tarde, os mestres se esquecem de explicar que disseram meia verdade. Ou meia mentira. *Mais bem* e *mais mal* estão vivinhos da silva e devem ser usados. Quando?

Antes de particípio (a forma verbal terminada em -ado e -ido como cantado, estudado, vendido, partido):

- ▶ *João foi mais bem classificado no concurso do que Maria.*

- ▶ *Não há redação mais bem desenvolvida do que a de Carla.*

- ▶ *A questão mais bem formulada foi a dela.*

- ▶ *Este é o comentário mais bem redigido que já li.*

- ▶ *As francesas são as mulheres mais bem vestidas da Europa.*

A mesma regra vale para *mais mal*:

- ▶ *João foi mais mal classificado no concurso do que Paulo.*

- ▶ *Não há discurso mais mal redigido do que este.*

- ▶ *A questão mais mal formulada foi a do senador.*

- ▶ *Este foi o comentário mais mal escrito que já li.*

O *melhor* e o *pior* foram cassados? Claro que não. O neoliberalismo não se mete nos direitos linguísticos. Por isso, fique frio. Só use *mais bem* e *mais mal* antes de particípio. Nos demais casos, não bobeie. Continue firme no *melhor* e *pior*:

- ▶ *Fala melhor (pior) do que escreve.*

- ▶ *Saiu-se melhor (pior) do que esperava.*

- ▶ *Nara pinta melhor (pior) do que Tânia.*

- ▶ *Representa melhor (pior) do que declama.*

- ▶ *Corre melhor (pior) do que salta.*

- ▶ *Ganha melhor (pior) no emprego noturno que no diurno.*

- ▶ *Viaja melhor (pior) de avião que de ônibus.*

Mais grande x mais pequeno, as comparações

Acredite. É correto dizer *mais grande* e *mais pequeno*. Quando se comparam qualidades ou atributos, é essa a forma:

- ❯ *A casa é mais grande que pequena.*
- ❯ *O auditório é mais pequeno que grande.*

As duplinhas só têm vez nesses casos. Nos demais, a vez é do *maior* e *menor*.

- ❯ *Meu livro é menor que o seu.*
- ❯ *Procuro uma casa maior que a minha.*

Preposição, a vez do repeteco

Quando se deve repetir a preposição? O xis da resposta: saber se os termos constituem conjunto contemporâneo ou conjunto separado. Complicado? Sem dúvida. Mas os exemplos ajudam a jogar luz na escuridão. Quer ver?

- ❯ *Conversei com o professor e deputado.*

A preposição (com) aparece só diante do primeiro nome. Significa que conversei com uma pessoa a um só tempo economista e deputado. Se não for isso, repete-se a preposição:

- ❯ *Conversei com o professor e com o deputado.*

O repeteco do *com* deixa claro. São duas pessoas – um professor e um deputado.

- ❯ *Conversei com Maria e Rafael.*

Uma preposição diz que o ato é contemporâneo. Conversei com os dois ao mesmo tempo.

▷ *Conversei com Maria e com Rafael.*

A dose dupla do com dá um recado: as conversas foram separadas – conversei primeiro com um e depois com outro.

Mais exemplos?

 Com repeteco: conjuntos separados

▷ *Viaja por terra e por mar.* (A repetição é obrigatória. Não há jeito de viajar, ao mesmo tempo, por terra e por mar.)

▷ *Nomes derivados de substantivos e de verbos* (de uns ou de outros).

▷ *Viver na cidade e no campo* (um de cada vez).

 Sem repeteco: conjunto uno e contemporâneo

▷ *Flexão verbal de modo, tempo, pessoa e número.*

▷ *Viver a pão e água.*

▷ *Comida com sal e pimenta*

▷ *Deveu a vida à clemência e magnanimidade do vencedor.*

A língua é cheia de trapaças. Com as preposições *a* e *por*, cessa tudo que a musa antiga canta. Repita a preposição sempre que repetir o artigo (mesmo se o conjunto for uno e contemporâneo):

▷ *Opôs-se aos planos e aos desígnios do candidato* (nunca diga: *aos planos e os desígnios*).

▷ *Sócrates distinguiu-se pela modéstia e pela sabedoria* (jamais escreva *pela modéstia e a sabedoria*).

Ruim? Você tem saída. Não repita o artigo. Aí, não precisa repetir a preposição:

▷ *Opôs-se aos planos e desígnios do candidato.*

▷ *Sócrates distinguiu-se pela modéstia e sabedoria.*

Em princípio x a princípio, a diferença

Parecido não é igual. Mas confunde. Com o substantivo *princípio*, a preposição faz a diferença.

Em princípio significa antes de mais nada, antes de qualquer consideração, teoricamente, em tese, de modo geral:

- *Em princípio, toda mudança é benéfica.*

- *Estamos, em princípio, abertos a todas as novidades tecnológicas.*

A princípio quer dizer no começo, inicialmente:

- *A princípio o Brasil era o favorito das apostas. Depois da partida contra o Japão, deixou de sê-lo.*

- *Toda conquista é, a princípio, muito excitante. Com o tempo, pode mudar de figura.*

Ex, o que era

A presença do *ex* dá um recado claro. Diz que cessou o estado anterior. O ex-deputado teve mandato parlamentar e não tem mais. A ex-mulher dividiu o leito nupcial com o marido e não divide mais. O ex-diretor dirigiu e empresa e não dirige mais.

Cuidado com o prefixo. Alguém é ex-ministro apenas. Ou ministro de um governo passado. Roberto Campos é ex-ministro do Planejamento, mas ministro do Planejamento do governo Castello Branco. José Sarney é ex-presidente do Brasil, mas presidente do Brasil em 1986.

E os mortos? Esses têm direitos eternos. Glauber Rocha não é ex-diretor de cinema. Garrincha não é ex-jogador de futebol. Renato

Russo não é ex-compositor. Ao citá-los, diga o diretor Glauber Rocha, o jogador Garrincha, o compositor Renato Russo.

O *ex* tem requintes. Ao designar alguém com o prefixo *ex*, nomeie o cargo mais alto que a pessoa ocupou ou aquele no qual ela mais se tornou conhecida. JK foi deputado, prefeito, senador, presidente da República. Ao se referir a ele, escreva o presidente Juscelino. Não o deputado, senador ou prefeito.

É aquela história: quem foi rei não perde a majestade.

De esses e zês, o macete

Querer, *pôr*, *fazer*, *dizer* dão nó nos miolos. Em certas formas, aparece o fonema *z*. Mas se escreve a letra *s*. Em outras, a letra **z** pede passagem.

Qual o segredo? A regra não tem exceção. Vale para qualquer verbo. *Z* ou *s*? No infinitivo aparece o *z*? Então não duvide. Sempre que o fonema *z* soar, dê passagem à lanterninha do alfabeto:

fazer – fazes, faz, fazemos, fazem, fiz, fizeste, fizemos, fizeram, fizesse, fizessem
dizer – diz, dizemos, dizem

Em *querer* e *pôr*, o *z* não aparece. Logo, quando soar o *z*, escreva *s*. Você acertará sempre:

querer – quis, quiseste, quisemos, quiseram, quisera, quiseras, quiséramos, quisesse, quiséssemos
pôr – pus, puseste, pôs, pusemos, puseram, puser, pusermos, pusesse, puséssemos

Viu? Desvendados os mistérios dos verbos querer, fazer & cia., fica uma certeza. O diabo não é tão feio quanto o pintam.

Família -ear

Dois verbos são pra lá de conjugados. Um deles: presentear. O outro: cear. Ambos se flexionam do mesmo jeitinho. Seguem o modelo de passear. A família -ear tem uma marca. O presente do indicativo e o presente do subjuntivo são perdulários. Têm uma letra a mais. É o *i*. Mas o nós e o vós não entram na gastança. Ficam com as outras pessoas dos outros tempos. Não querem saber da vogal excedente.

Veja:

Presente do indicativo: *eu passeio* (presenteio, ceio), *tu passeias* (presenteias, ceias), *ele passeia* (presenteia, ceia), *nós passeamos* (presenteamos, ceamos), *vós passeais* (presenteais, ceais), *eles passeiam* (presenteiam, ceiam)

Presente do subjuntivo: *que eu passeie* (presenteie, ceie), *que tu passeies* (presenteies, ceies), *que ele passeie* (presenteie, ceie), *que nós passeemos* (presenteemos, ceemos), *que vós passeeis* (presenteeis, ceeis), *que eles passeiem* (presenteiem, ceiem)

É isso. Antigamente eu presenteava e era presenteada. No ano passado, eu presenteei e fui presenteada. Hoje eu presenteio e sou presenteada. E você?

Intervir, a cara e o coração

Lágrimas vão rolar. Prepare o lenço. Na tela, a triste história do verbo desacreditado. *Intervir* revela a família na cara. Mas ninguém acredita. Todos maltratam o pobre coitado. Mas ele dá o troco. Desmoraliza os algozes.

Não duvide da paternidade de *intervir*. O exame de DNA comprovou. Ele é filho legítimo de *vir*. Conjuga-se do mesmo jeitinho do paizão. Veja o presente do indicativo: *eu venho* (intervenho), *ele vem* (intervém), *nós vimos* (intervimos), *eles vêm* (intervêm).

Reparou? Na terceira pessoa do singular, há uma pequena diferença. *Vem* não recebe acento. Mas *intervém* ganha o grampinho. Sabe por quê? Eles são seres obedientes. Seguem as regras de acentuação gráfica.

Ambos terminam em -em. Mas não são iguais. Um é monossílabo. Joga no time de *bem*. Não se acentua. O outro tem mais de uma sílaba. Entra na equipe de *alguém, ninguém, armazém*.

O presente é moleza. Mas o pretérito e os tempos dele derivados são verdadeiras ciladas. Com eles, todo o cuidado é pouco. O macete: não perca a família de vista:

Pretérito perfeito: *eu vim* (intervim), *ele veio* (interveio), *nós viemos* (interviemos), *eles vieram* (intervieram)

Imperfeito do subjuntivo: *se eu viesse* (interviesse), *se ele viesse* (interviesse), *se nós viéssemos* (interviéssemos), *se eles viessem* (interviessem)

Futuro do subjuntivo: *se eu vier* (intervier), *se ele vier* (intervier), *se nós viermos* (interviermos), *se eles vierem* (intervierem).

Moral da história: *intervir* desmente o provérbio. Com ele, quem vê cara vê coração.

Acontecer

As palavras, como as pessoas, têm manias. Combinam. Brigam. Fazem exigências. Armam ciladas. Um verbo cheio de caprichos é o acontecer. Elitista, tem poucos empregos. E quase nenhum amigo. Mas, por capricho do destino, os colunistas sociais o adotaram. A moda se espalhou como fogo morro acima ou água morro abaixo.

O pobre virou praga. Tudo acontece. Até pessoas: *Kaká está acontecendo na Seleção. O casamento acontece na catedral. O show acontece às 22h*. E por aí vai.

Violentado, o verbo vira a cara. Esperneia. E se vinga. Deixa mal quem abusa dele. Diz que o atrevido sofre de pobreza de vocabulário.

Para não cair na boca do povo, só há uma saída. Empregá-lo na acepção de *suceder de repente*.

Acontecer dá sempre a ideia do inesperado, desconhecido: *Caso acontecesse a explosão, muitas mortes poderiam ocorrer.*

O verbinho de sangue azul sente-se muito bem com os pronomes indefinidos (tudo, nada, todos), demonstrativos (este, isto, esse, aquele) e o interrogativo *que*: *Tudo acontece no feriado. Aquilo não aconteceu por acaso. O que aconteceu?*

Não use *acontecer* no sentido de ser, haver, realizar-se, ocorrer, suceder, existir, verificar-se, dar-se, estar marcado para. Se você insistir, prepare-se. É briga certa. Melhor não entrar nessa. Busque saídas.

 Uma delas é substituir o verbo: *O show acontece* (está marcado para) *às 21h. O festival aconteceu* (realizou-se) *ano passado. O crime não aconteceu* (ocorreu). *Acontecem* (ocorrem) *casos de prisão de inocentes durante as batidas policiais. O vestibular está previsto para acontecer em dezembro* (previsto para dezembro). *Não aconteceu* (houve) *o rigoroso inverno.*

 Outra é mudar a frase. *A prisão aconteceu ontem.* (A polícia prendeu o ladrão ontem.) *O show dos Rolling Stones acontece no Morumbi.* (Os Rolling Stones fazem show no Morumbi.) *A divulgação do resultado acontece logo mais.* (O resultado será divulgado logo mais.) *O início da prova aconteceu às 8h.* (A prova iniciou-se às 8h.)

Passo a passo da edição

> *"O escritor joga com a linguagem. Mas, ao contrário de jogar com cartas, com a linguagem a coisa é interminável porque há milhares de cartas."*
> Michel Butor

Editar implica arregaçar as mangas e pôr em prática as dicas dos capítulos anteriores. Chegou a hora de o ourives entrar em ação. Até aqui, apresentamos as ferramentas. Agora, vem a prática. O objetivo é um só: deixar o texto mais claro, objetivo e conciso. Melhor, enfim.

Para ajudá-lo na empreitada, apresentamos exemplos de edição nos quais se utilizam muitas ferramentas. Além disso, mostramos o passo a passo das mudanças até a versão editada.

Em cada etapa do caminho, repetimos o parágrafo, com os trechos alterados ou eliminados entre chaves. Trata-se de roteiro para transformar uivos do Sargento Getúlio em textos com começo, meio, fim e conteúdo. Acompanhe-nos na viagem.

Venham, pontos

VERSÃO ORIGINAL

▷ *O referendo sobre o desarmamento revelou, além da intensidade do sentimento negativo do eleitorado em relação à atuação do poder público, a vitalidade da chamada sociedade global, fenômeno que caracteriza as sociedades modernas que, com os meios tecnológicos de que dispõem hoje, pode existir independentemente das instituições políticas e do sistema de comunicação de massa, segundo análise do sociólogo Manuel Castells, da Universidade Southern Califórnia, nos Estados Unidos, um dos seus principais teóricos.*

VERSÃO EDITADA

▷ *O referendo sobre o desarmamento revelou a vitalidade da sociedade global. Moderno, o fenômeno tem duas marcas. Uma: dispensa o sistema de comunicação de massa porque dispõe de meios tecnológicos. A outra: independe das instituições políticas. Essa é a análise do sociólogo Manuel Castells, da Universidade Southern Califórnia, nos Estados Unidos, um dos principais teóricos da sociedade global.*

PASSO A PASSO

O autor quase mata o leitor de falta de ar. O defeito número 1 é ter apenas um período. Há outros. Corrigimos um por um.

 Usamos ponto para dividir o período em três. Surgiram frases mais curtas:

▷ *O referendo sobre o desarmamento revelou, além da intensidade do sentimento negativo do eleitorado em relação à atuação do poder público, a vitalidade da chamada sociedade global. Fenômeno que caracteriza as sociedades modernas, que, com os meios tecnológicos de que dispõe hoje, pode existir independentemente das instituições políticas e do sistema de comunicação de massa. A análise é do sociólogo Manuel Castells, da Universidade Southern Califórnia, nos Estados Unidos, um dos seus principais teóricos.*

A seguir, fizemos uma reengenharia da falação. Eliminamos palavras e substituímos estruturas sintáticas confusas. Observe as mudanças:

> *O referendo sobre o desarmamento revelou, além da intensidade do sentimento negativo do eleitorado em relação à atuação do poder público, a vitalidade da* [chamada] *sociedade global.* Fenômeno [que caracteriza as] *das sociedades modernas que dispõe de* [com os] *meios tecnológicos* [de que dispõe hoje, pode existir independentemente], *independe das instituições políticas e do sistema de comunicação de massa. A análise é do sociólogo Manuel Castells, da Universidade Southern Califórnia, nos Estados Unidos, um dos seus principais teóricos.*

 Acrescentamos retoques de botox para criar mais frases. Qual o segredinho? A inclusão de partículas de transição:

> O referendo sobre desarmamento revelou, além da intensidade do sentimento negativo do eleitorado em relação ao poder público, a vitalidade da sociedade global. Moderno, o fenômeno tem duas marcas. Uma: *dispensa o sistema de comunicação de massa porque dispõe de meios tecnológicos.* A outra: *independe das instituições políticas. Essa é a análise do sociólogo Manuel Castells, da Universidade Southern Califórnia, nos Estados Unidos, um dos principais teóricos da sociedade global.*

Mandamos o parágrafo para a última visita ao doutor. A cirurgia foi de conteúdo. A versão editada excluiu a ideia de que o referendo revelou a descrença da sociedade nos poderes públicos, por ser secundária.

VERSÃO ORIGINAL

> *O relator da CPI dos Bingos, senador Garibaldi Alves (PMDB-RN), apresentou, ontem, relatório parcial sobre o caso Gtech pedindo o indiciamento de três empresas e 34 pessoas, incluindo o presidente da Caixa Econômica Federal, Jorge Levi Mattoso, e Edemirson Ariovaldo da Silva, assessor do ministro Antonio Palocci Filho (Fazenda).*

VERSÃO EDITADA

▶ *O relator da CPI dos Bingos, senador Garibaldi Alves (PMDB-RN), apresentou, ontem, relatório parcial sobre o caso Gtech. Pediu o indiciamento de três empresas e 34 pessoas. Incluiu o presidente da Caixa Econômica Federal, Jorge Levi Mattoso, e Edemirson Ariovaldo da Silva, assessor do ministro da Fazenda, Antonio Palocci Filho.*

PASSO A PASSO

O parágrafo tinha um só período para quatro ideias. Ufa! O autor faria sucesso se utilizasse mais pontos. Pois usamos três.

Abra alas, concisão

VERSÃO ORIGINAL

▶ *As mudanças pelas quais vem passando a área de gestão de pessoas têm suscitado o desenvolvimento de novas práticas, algumas ainda não validadas pela ciência, que, há alguns anos atrás, seria impensável o seu emprego como ferramentas em gestão empresarial.*

VERSÃO EDITADA

▶ *As mudanças pelas quais passa a área de recursos humanos suscitam o desenvolvimento de novas práticas de gestão de pessoas – algumas ainda não validadas pela ciência. Anos atrás, aplicá-las nas empresas seria impensável.*

PASSO A PASSO

Uiiiiiiii, como doem os ouvidos! O original cometeu mil pecados. Um deles foi a vagueza. Outro, a acumulação. Mais um: o pleonasmo. Quer outro? A repetição de palavras. Desentortamos o monstro. Deste jeitinho:

Locuções verbais cederam lugar a verbos:

> *As mudanças pelas quais* [vem passando] *passa a área de gestão de pessoas* [têm suscitado] *suscitam o desenvolvimento de novas práticas, algumas ainda não validadas pela ciência, que, há alguns anos atrás, seria impensável o seu emprego como ferramentas em gestão empresarial.*

 Construções na ordem direta deram o ar da graça:

> *As mudanças pelas quais passa a área de gestão de pessoas suscitam o desenvolvimento de novas práticas, algumas ainda não validadas pela ciência, que, há alguns anos atrás, seria impensável* [o seu emprego como ferramentas em gestão empresarial] *aplicá-las nas empresas.*

 Para consertar a acumulação, vieram o ponto e o travessão:

> *As mudanças pelas quais passa a área de recursos humanos suscitam o desenvolvimento de novas práticas de gestão de pessoas – algumas ainda não validadas pela ciência. Há alguns anos atrás, aplicá-las nas empresas seria impensável.*

 O pleonasmo? Passamos o facão nele:

> *As mudanças pelas quais passa a área de recursos humanos suscita o desenvolvimento de novas práticas de gestão de pessoas – algumas ainda não validadas pela ciência. Há alguns anos* [atrás]*, aplicá-las nas empresas seria impensável.*

 Algumas e *alguns*? Que repetição impertinente! Botamos os dois pra correr.

VERSÃO ORIGINAL

> *O trabalho visa fornecer subsídios técnicos que auxiliem os agricultores no processo de tomada de decisão quanto à estratégia mais adequada para a administração dos riscos de chuvas de granizo em seus pomares de maçãs, auxiliem as empresas de seguro na elaboração de novos contratos em suas carteiras agrícolas e, também, o governo, no desenvolvimento de novas políticas voltadas ao setor agropecuário.*

VERSÃO EDITADA

▶ *O trabalho fornece subsídios técnicos aos agricultores para a administração dos riscos de chuvas de granizo em pomares de maçãs. Os resultados também orientam empresas de seguros na elaboração de contratos das carteiras agrícolas; e o governo, na definição de políticas agropecuárias.*

PASSO A PASSO

Outro período longo, defeito comum em textos acadêmicos ou empresariais. Além disso, brindava o leitor com repetições, pleonasmos e jargões corporativos. Era tanta gordura que se fez necessária uma série de cirurgias. Segue o processo:

 Ceifamos o blá-blá-blá acadêmico, substituindo-o por palavras concretas e verbos incisivos:

▶ *O trabalho* [visa fornecer] *fornece subsídios técnicos que auxiliem os agricultores* [no processo de tomada de decisão quanto à] *na definição de estratégia* [mais adequada] *para a administração do risco de chuvas de granizo em seus pomares de maçãs, auxiliem as empresas de seguro na elaboração de novos contratos em suas carteiras agrícolas e, também, o governo, no desenvolvimento de novas políticas voltadas ao setor agropecuário.*

 Jogamos fora penduricalhos trapalhões, como pronomes possessivos e adjetivos repetidos. Também trocamos locuções por apenas uma palavra:

▶ *O trabalho fornece subsídios técnicos* [que auxiliem os] *aos agricultores* [na definição de estratégia] *para a administração do risco de chuvas de granizo em* [seus] *pomares de maçãs, auxiliem as empresas de seguro na elaboração de* [novos] *contratos em* [suas] *carteiras agrícolas; e* [,também]*, o governo, no desenvolvimento de* [novas] *políticas* [voltadas ao setor agropecuário] *agropecuárias.*

 Eliminamos repetições de palavras e encerramos a oração com um lindo ponto e vírgula. Ficou chique, não?

Salve, salve, clareza

VERSÃO ORIGINAL

> *Trata-se de um equipamento que permite ao cliente gravar e armazenar sua programação preferida para assistir sempre que desejar, além de pausar, avançar e retroceder a programação. Além de permitir gravar e ver programas diferentes ao mesmo tempo, o cliente nunca mais deixará de assistir o final de um programa que começou a assistir e não pôde continuar naquele momento.*

VERSÃO EDITADA

> *Com o equipamento, o cliente vê e grava programas diferentes ao mesmo tempo.*

PASSO A PASSO

Esse foi duro de lapidar. Entre os muitos defeitos, apresentava redundâncias e repetições. Tudo embalado em linguagem corporativa – cheia de termos sem sentido. Desconstruímos o bicho de sete cabeças e erguemos um parágrafo inteligível:

 Pra que dizer duas vezes a mesma coisa? Uma basta:

> *Trata-se de um equipamento que permite ao cliente gravar* [e armazenar] *sua programação preferida* [para ver sempre que desejar], *além de pausar, avançar e retroceder a programação. Além* [de permitir] *disso, permite gravar e assistir programas diferentes ao mesmo tempo., o cliente nunca mais* [deixará de assistir o final de um programa que começou a assistir e não pode continuar naquele momento] *perderá o final de um programa.*

 O bicho esperneou, mas fomos firmes. Extraímos toda sorte de blá-blá-blá – pronomes, artigos indefinidos, repetições:

> [Trata-se de um] *o equipamento* [que] *permite ao cliente gravar* [a sua programação preferida, além de] *pausar,*

avançar e retroceder a [programação]. *Além disso, permite gravar e assistir programas diferentes ao mesmo tempo. O cliente nunca mais perderá o final de um programa.*

 Ainda sobrou redundância. Demos golpe certeiro nelas. Xô, adeus, bye bye, até nunca mais, vá de retro, Satanás:

▶ *O equipamento permite ao cliente* [gravar, pausar, avançar e retroceder a programação. Além disso, permite] *gravar e ver programas diferentes ao mesmo tempo.* [O cliente nunca mais perderá o final de um programa].

VERSÃO ORIGINAL

▶ *O presente estudo teve como objetivo conhecer e analisar as vivências e os significados em torno da paternidade, durante a adolescência, para homens que vivenciaram esse fenômeno, buscando identificar os significados atribuídos por esses homens a essa vivência e distinguir como percebem as influências familiares frente ao processo de gravidez e paternidade adolescentes.*

VERSÃO EDITADA

▶ *O estudo analisou a paternidade durante a adolescência sob o ponto de vista dos jovens. Eles relataram os significados da experiência e a influência familiar.*

PASSO A PASSO

Oh, céus! O enunciado original estava condenado e foi salvo. Dois problemas saltavam à vista. O primeiro: havia palavras repetidas. Segundo: havia redundâncias. Demos um jeito na bagunça:

 O pé de cabra separou as duas ideias do parágrafo. O senhor ponto entrou no salão de baile para dançar com partículas de ligação:

▶ *O presente estudo teve como objetivo conhecer e analisar as vivências e os significados em torno da paternidade, durante a adolescência, para homens que vivenciaram esse fenômeno.*

Também identificou os significados atribuídos por esses homens a essa vivência e distinguiu como percebem as influências familiares frente ao processo de gravidez e paternidade adolescentes.

Atacamos o excesso de palavras. Sumiram locuções verbais e adjetivas. Pintaram termos específicos. Uma palavra bem escolhida vale por mil:

O [presente] *estudo* [teve como objetivo conhecer e analisar] *analisou* [as vivências e os significados em torno da] *a paternidade durante a adolescência* [para homens que vivenciaram esse fenômeno] *sob o ponto de vista dos jovens.* [Buscou identificar] *Identificou os significados* [atribuídos por esses homens a essa vivência] *dessa experiência para os pais e* [distinguir] *como eles percebem as influências familiares* [frente ao processo de gravidez e paternidade adolescentes].

Ainda havia obstáculos no último período, resultado da falta de paralelismo. Fizemos as duas frases conversarem entre si:

Identificou os significados dessa experiência para os pais e as suas percepções das influências familiares.

Continuou ruim. Mandamos o paciente para a cirurgia:

[Identificou] *eles relataram os significados da experiência* [para os pais] *e as* [suas percepções das] *influências familiares.*

Ah, que frescor!

Tchau, tchau, tchau

VERSÃO ORIGINAL

Pretendemos inventariar as diversas práticas, principalmente discursivas, que estruturam a identidade do grupo religioso Atletas de Cristo. Esse grupo conjuga, em um estilo devocional, os signos mundanos do futebol e os signos de um fundamentalismo evangélico.

VERSÃO EDITADA

> *Apontamos as práticas que estruturam a identidade do grupo religioso Atletas de Cristo. Elas conjugam elementos mundanos do futebol e fundamentalistas do universo evangélico.*

PASSO A PASSO

O original começou bem, com a organização de duas frases no parágrafo. Mas escorregou no blá-blá-blá. Foram necessárias duas incisões para tirar as gorduras:

Enxotamos os penduricalhos – locuções verbais, advérbios de modo, quês, termos vagos, jargões, artigos.

> [Pretendemos inventariar] *Apontamos as* [diversas] *práticas* [principalmente discursivas,] *que estruturam a identidade do grupo religioso Atletas de Cristo.* [Esse] *O grupo conjuga, em* [um] *estilo devocional,* [os signos] *elementos mundanos do futebol e* [os signos de um] *do fundamentalismo evangélico.*

O adjetivo "mundanos" era um estranho no ninho. Qualificava tanto "futebol" quanto "fundamentalismo evangélico". Foi necessário imaginar a intenção do autor:

> *Apontamos as práticas que estruturam a identidade do grupo religioso Atletas de Cristo.* [O grupo] *ele conjuga elementos mundanos do futebol e fundamentalistas, do universo evangélico.*

Sim, sim, sim

VERSÃO ORIGINAL

> *Segundo dados da Organização Mundial de Saúde (OMS), estima-se que 60% da população mundial não é fisicamente ativa o suficiente a fim de garantir os benefícios advindos dos exercícios físicos.*

VERSÃO EDITADA

> *Segundo dados da Organização Mundial da Saúde, 60% da população mundial é sedentária.*

PASSO A PASSO

A dita cuja, apresentada no início deste livro, tinha um monte de problemas, é verdade, mas um deles gritava – a forma negativa utilizada da oração principal. Vamos por partes:

 Corrigimos a conjugação do verbo estimar, utilizado no presente do indicativo. O danadinho exige o subjuntivo:

> *Segundo dados da Organização Mundial de Saúde (OMS), estima-se que 60% da população mundial não [é] seja fisicamente ativa o suficiente a fim de garantir os benefícios dos exercícios físicos.*

 Optamos pela forma positiva na oração principal. O ponto deu as caras sem cerimônia:

> *Segundo dados da Organização Mundial de Saúde (OMS), estima-se que 60% da população mundial* [não seja fisicamente ativa] *seja inativa. o suficiente a fim de garantir os benefícios advindos dos exercícios físicos.*

 Pintou sujeira – incoerência na oração inicial. O verbo estimar é vago. Suspeita dos dados da OMS. Ficamos com a exatidão. Note que, sem o verbo estimar, a frase voltou ao presente do indicativo:

> *Segundo dados da Organização Mundial de Saúde (OMS), 60% da população mundial é sedentária.*

Ah, a última frase do parágrafo? Acabou no Irajá. Não fez falta.

VERSÃO ORIGINAL

> *Não é dizer que o ministro Nelson Jobim não tenha razão em reclamar do espaço exíguo para acomodar os mais nutridos e espichados nos aviões. Não é dizer também que não se deva discutir o papel da Agência Nacional de Aviação Civil na*

solução da crise. Tudo isso é bom, não faz mal a ninguém, mas há assunto mais urgente.

VERSÃO EDITADA

▷ *O ministro Jobim pode ter razão em reclamar do espaço exíguo para acomodar os mais nutridos e espichados nos aviões. O papel da Agência Nacional de Aviação Civil na solução da crise também pode ser discutido. Tudo isso é bom, mas há assunto mais urgente.*

PASSO A PASSO

O autor quis escrever bonito e bobeou. Ficou uma feiura só. A forma negativa está destinada ao lixo. Havia cinco *nãos* no parágrafo. Eis a carnificina:

 Colocamos as frases na forma positiva:

▷ [Não é dizer que] *o ministro Nelson Jobim* [não] *talvez tenha razão em reclamar do espaço exíguo para acomodar os mais nutridos e espichados nos aviões.* [Não é dizer que não] *talvez se deva discutir o papel da Agência Nacional de Aviação Civil na solução da crise. Tudo isso é bom,* [não faz mal a ninguém], *mas há assunto mais urgente.*

Adeus, voz passiva

VERSÃO ORIGINAL

▷ *Muitas empresas nasceram das oportunidades que se abriram com as novas tecnologias. Empresas líderes de mercado estão sendo ameaçadas se não se posicionarem em relação ao novo canal que está se consolidando. Empresas não líderes estão por meio dele encontrando caminhos potenciais para o seu crescimento.*

VERSÃO EDITADA

▷ *Muitas empresas nasceram das oportunidades abertas pelas novas tecnologias. A líderes de mercado correm risco de extinção quando ignoram a novidade. Já as concorrentes encontram caminhos para crescimento.*

PASSO A PASSO

Sentiu o drama? Há formas verbais compostas na voz passiva e orações desconectadas umas das outras. O resultado é um trenzinho com vagões indo para diferentes direções. Enfrentamos o monstro:

 Demos adeus à voz passiva. Ela tem lá alguma serventia, mas é melhor não abusar. Mantivemos os verbos principais na voz ativa:

▷ *Muitas empresas nasceram das oportunidade que se abriram com as novas tecnologias. Empresas líderes de mercado estão* [sendo ameaçadas] *sob ameaça se não se posicionarem em relação ao novo canal* [que está se consolidando]. *Empresas não líderes* [estão por meio dele encontrando] *encontram caminhos potenciais para o seu crescimento.*

 Eliminamos repetições de palavras:

▷ *Muitas empresas nasceram das oportunidade que se abriram com as novas tecnologias. As* [empresas] *líderes de mercado estão sob ameaça se não se posicionarem em relação ao novo canal.* [Empresas] *As não líderes encontram caminhos potenciais para o seu crescimento.*

 Trocamos termos verborrágicos:

▷ *Muitas empresas nasceram das oportunidades* [que se abriram com as] *abertas pelas novas tecnologias. As líderes de mercado estão sob ameaça se não se posicionarem em relação ao novo canal. As não líderes encontram caminhos* [potenciais] *para o seu crescimento.*

 Procuramos e não achamos o objeto direto do verbo ameaçar. De que são ameaçadas as empresas líderes do mercado? Na dúvida, reorganizamos a frase:

▷ *As líderes de mercado estão sob ameaça de extinção se não se posicionarem em relação ao novo canal.*

Hummmm..... *posicionarem* é jargão corporativo. Eliminamos a palavrinha. *Novo canal* também. Além disso, a frase é negativa. Ufa! Quanta tralha. Trocamos tudo:

- *As líderes de mercado correm risco de extinção quando ignoram a novidade.*

Falta ainda particulazinha de transição e sessão de limpeza de pele. O que são as empresas não líderes de mercado se não as concorrentes das líderes? Elementar:

- *Já as concorrentes encontram caminhos para seu crescimento.*

Sem o pronome possessivo *seu*, por favor

Bem-vinda, harmonia

VERSÃO ORIGINAL

- *Muitos jovens gostariam de trabalhar em atividades que não fossem caracterizadas como subemprego e não possibilitassem pouca mobilidade social.*

VERSÃO EDITADA

- *Muitos jovens gostariam de trabalhar em empregos formais com possibilidades de ascensão social.*

PASSO A PASSO

Eram duas orações que não conversavam entre si. Tinham construções sintáticas e gramaticais diferentes. Uma falava chinês e a outra, russo.

Promovemos as pazes entre as frases *que não fossem caracterizadas como subemprego* e *não possibilitassem pouca mobilidade social.* Elas dizem respeito ao substantivo *atividades*. Para harmonizá-las, aplicamos o paralelismo, ou seja, o uso da mesma estrutura sintática nas duas:

> *Muitos jovens gostariam de trabalhar em atividades que não fossem caracterizadas como subemprego e que não possibilitassem pouca mobilidade social.*

O resultado ainda ficou ruim (arghhhh). Para que a frase se tornasse inteligível, usamos a ordem positiva. A mudança exigiu a busca de palavras específicas:

> *Muitos jovens gostariam de trabalhar em* [atividades que não fossem caracterizadas como subemprego e que não possibilitassem pouca mobilidade social] *empregos formais com possibilidades de ascensão social.*

Ah, agora, sim.

Xô, intrometidos

VERSÃO ORIGINAL

> *Acho perfeitamente aceitável que o sr. José Serra se candidate à Presidência, mesmo tendo assinado um documento dizendo que não o faria, pois não devemos esquecer que o ex-prefeito de Ribeirão Preto, Antonio Palocci, abandonou seu cargo para tornar-se ministro da Fazenda, e seguiram seu exemplo o ex-prefeito de Porto Alegre, Tarso Genro, e o ex-prefeito de Manaus, Alfredo Nascimento, que deixaram suas cidades nas mãos de seus vices antes do fim de seus mandatos. Ora, por que só os petistas podem deixar seus cargos para disputar eleições? Que a regra seja igual para todos.*

VERSÃO EDITADA

> *Acho aceitável que o sr. José Serra se candidate à Presidência, mesmo tendo assinado documento dizendo que não o faria. O ex-prefeito de Ribeirão Preto Antonio Palocci abandonou o cargo para tornar-se ministro da Fazenda. Seguiram o exemplo o ex-prefeito de Porto Alegre Tarso Genro e o ex-*

prefeito de Manaus Alfredo Nascimento. Ora, por que só os petistas podem deixar os cargos para disputar eleições? Que a regra seja igual para todos.

PASSO A PASSO

Havia fartura de pronomes possessivos, vírgulas e advérbios. Mas faltavam pontos e partículas de transição. Além disso, identificamos redundância no meio do parágrafo. Declaramos guerra e seguimos plano de erradicação dos intrometidos.

Disparamos pontos aqui e ali:

Acho perfeitamente aceitável que o sr. José Serra se candidate à Presidência, mesmo tendo assinado um documento dizendo que não o faria. [pois] *não devemos esquecer que o ex-prefeito de Ribeirão Preto, Antonio Palocci, abandonou seu cargo para tornar-se ministro da Fazenda.* [, e] *seguiram seu exemplo o ex-prefeito de Porto Alegre, Tarso Genro, e o ex-prefeito de Manaus, Alfredo Nascimento, que deixaram suas cidades nas mãos de seus vices antes do fim de seus mandatos. Ora, por que só os petistas podem deixar seus cargos para disputar eleições? Que a regra seja igual para todos.*

Metralhamos os pronomes possessivos. Havia seis deles! Eis o resultado:

Acho perfeitamente aceitável que o sr. José Serra se candidate à Presidência, mesmo tendo assinado um documento dizendo que não o faria. Não devemos esquecer que o ex-prefeito de Ribeirão Preto, Antonio Palocci, abandonou [seu] *o cargo para tornar-se ministro da Fazenda. Seguiram* [seu] *o exemplo o ex-prefeito de Porto Alegre Tarso Genro e o ex-prefeito de Manaus Alfredo Nascimento, que deixaram* [suas] *cidades nas mãos de* [seus] *vices antes do fim de* [seus] *mandatos. Ora, por que só os petistas podem deixar* [seus] *cargos para disputar eleições? Que a regra seja igual para todos.*

Detonamos a virgulite crônica:

Não devemos esquecer que o ex-prefeito de Ribeirão Preto Antonio Palocci abandonou o cargo para tornar-se ministro da Fazenda. Seguiram o exemplo o ex-prefeito de Porto Alegre Tarso Genro e o ex-prefeito de Manaus Alfredo Nascimento.

Vírgulas separam termos explicativos. No caso em estudo, os nomes dos ex-alguma coisa são restritivos. Há vários em circulação.

 Se Tarso Genro e Alfredo Nascimento seguiram o exemplo de Palocci, deixaram os cargos. Pra que repetir? Xô, redundância. Demos cicuta para ela:

▷ *Acho perfeitamente aceitável que o sr. José Serra se candidate à Presidência, mesmo tendo assinado um documento dizendo que não o faria. Não devemos esquecer que o ex-prefeito de Ribeirão Preto Antonio Palocci abandonou o cargo para tornar-se ministro da Fazenda. Seguiram o exemplo o ex-prefeito de Porto Alegre Tarso Genro e o ex-prefeito de Manaus Alfredo Nascimento* [que deixaram [suas] cidades nas mãos dos vices antes do fim dos mandatos.] *Ora, por que só os petistas podem deixar cargos para disputar eleições? Que a regra seja igual para todos.*

 Tiramos do salão o advérbio de modo *perfeitamente*. Missão cumprida!

VERSÃO ORIGINAL

▷ *Michelle Bachelet, a presidenta eleita do país, representa uma continuidade na economia. Os chilenos não querem mexer em um time que está ganhando.*

VERSÃO EDITADA

▷ *Michelle Bachelet, a presidenta eleita do país, representa continuidade na economia. Os chilenos não querem mexer no time que está ganhando.*

PASSO A PASSO

Então? Onde está o problema? Ganhou um doce quem identificou os artigos indefinidos. Havia um para cada sentença. Eles não fazem falta:

 Exterminamos os teimosinhos:

▷ *Michelle Bachelet, a presidente eleita do país, representa* [uma] *continuidade na economia. Os chilenos não querem mexer em* [um] *time que está ganhando.*

Caso perdido

VERSÃO ORIGINAL

► *O trânsito é feito pelas pessoas. E, como nas outras atividades humanas, quatro princípios são importantes para o relacionamento e a convivência social no trânsito.*

O primeiro deles é a dignidade da pessoa humana, do qual derivam os Direitos Humanos e os valores e atitudes fundamentais para o convívio social democrático, como o respeito mútuo e o repúdio às discriminações de qualquer espécie, atitude necessária à promoção da justiça.

O segundo princípio é a igualdade de direitos. Todos têm a possibilidade de exercer a cidadania plenamente e, para isso, é necessário ter equidade, isto é, a necessidade de considerar as diferenças das pessoas para garantir a igualdade o que, por sua vez, fundamenta a solidariedade.

Um outro é o da participação, que fundamenta a mobilização da sociedade para organizar-se em torno dos problemas de trânsito e de suas consequências.

Finalmente, o princípio da corresponsabilidade pela vida social, que diz respeito à formação de atitudes e ao aprender a valorizar comportamentos necessários à segurança no trânsito, à efetivação do direito de mobilidade a todos os cidadãos e exigir dos governantes ações de melhoria dos espaços públicos.

NÃO HÁ VERSÃO EDITADA

Alguém aí sabe o que o autor quis dizer? Claro que não. Trata-se de caso perdido de blá-blá-blá.

Índice de temas

A

A fim x afim 186
À medida que x na medida em que 173
A nível de 175
A par x ao par 183
A partir 171
A princípio x em princípio 193
Acontecer 196
Acumulação 203
Ainda continua 169
Ainda mais 169
Algumas, alguns 203
Ambos 144
Ao encontro x de encontro 181
Ao nível de 175
Aos domingos x nos domingos 162
Artigo indefinido 205, 215
Aspas 80

B

Bilhão 167
Blá-blá-blá 22, 204, 205, 208
Blá-blá-blá (ingredientes) 22
  Artigos indefinidos 30
  Clichês 27
  Jargões corporativos 27
  Locuções 24
  Pronomes possessivos 30
  Queísmo 31
  Redundâncias 26
  Termos genéricos 25
  Verbos 22
  Voz passiva 29

C

Cargos públicos (feminino) 185
Centopeias e labirintos 41, 81

Clareza 16, 145
Coerência 44
Concisão 16
Conetivos 39
Conosco x com nós 141
Crase (a distância x à distância) 160
Crase (casaizinhos) 153
    Cruzamentos 154
Crase (falso masculino) 156
Crase (indicação de horas) 158-159
Crase (nome de cidades,
    estados e países) 152
Crase (nome próprio feminino) 158
Crase (palavras repetidas) 155
Crase (pronome demonstrativo) 157
Crase (pronome possessivo) 155
Crase 150
Crase falsa 159
Cujo 123
Chegar 179

D

Dado, dada, dados, dadas 168
Demais x de mais 171
De + eu 170
De + o x do 170
De encontro x ao encontro 181
Dizer (emprego do z
    na conjugação) 194
Dizer x falar 174
Dois pontos 76
    Maiúscula e minúscula 76-77

E

Editar 15, 199
Embora 170
    Embora x gerúndio 170
    Embora x subjuntivo 170
Em face de 171
Em nível de 175
Em princípio x a princípio 193
Em que 125

Em vez de 172
Enquanto 182
Entre mim e você 142
Entre mim x para eu 141-142
Entre x dentre 189
Ex 193

F

Falar x dizer 174
Fazer (emprego do
    z na conjugação) 194
Forma negativa 209, 210
Forma positiva 209, 210
Frase curta 81, 200
Frase negativa 212

G

Ganho x ganhado 110
Gastar x gastado 110
Gerundismo 29
Gramática 18
Gramaticidade 19

H

Haver 176
    Haver x auxiliares 177
    Há x a 177
    Há x atrás 177
Hora (abreviatura) 182
Hora x ora 163

I

Implicar 187
Incoerência 209
Inteligibilidade 19
Intervir 195

J

Já x mais 172
Jargão corporativo 208, 212

Índice de temas

L

Linguagem corporativa 205
Locuções adjetivas 207
Locuções verbais 100, 203-204,
    207-208

M

Maior x mais grande 191
Mais bem x melhor 189
Mais grande x maior 191
Mais mal x pior 189
Mais pequeno x menor 191
Mais x mas 164
Manter o mesmo 169
Mas x mais 164
Mau x mal 164
Meio x meia 184-185
Menor x mais pequeno 191
Mesmo 143
Milhão 167
Mitos da língua 149
Moral (o moral, a moral) 165

N

No domingos x aos domingos 162
Nome próprio no plural
    (concordância) 183-184

O

O mais possível 184
O qual 124
Ó x oh 163
Objetividade 16
Oh! x ó 163
Onde 125-128
Ora x hora 163
Oração 35
Oração adjetiva 32
Oração reduzida 32
Oração x termo nominal 33

P

Pago x pagado 110-111
Palavras concretas 204
Para mim x para eu 141
Parágrafo 45-46, 205-206
    Acumulação 53
    Apresentação de razões 49
    Citação de exemplos 48
    Decomposição 50
    Desenvolvimento 47
    Falhas 50
    Fragmentação 51
    Incoerência 59
    Tópico frasal 46
Paralelismo 36-38, 207
Parênteses 79
    Pontuação 80
Partícula(s) de transição 39, 201,
    206, 212, 214
Passar a limpo 15-17
Percentagem 160
    Grafia 160
    Concordância 161
Pedir para 167
Pedir que 167
Período 35
Pior x melhor 189
Pleonasmo 168, 203
Plural de nome próprio 183
Ponto 81, 200, 203, 206, 209, 214
Ponto e vírgula 76, 204
Pôr (emprego do s
    na conjugação) 194
Por que 129
Por quê 129-130
Porque 130
Porquê 130-131
Preposição (quando repetir) 191
Pronome 119
Pronome demonstrativo 131
    Abuso do *aquele, aquela,*
    aquilo 136
    Estrutura fechada 135

Situação no espaço 132
Situação no tempo 132
Situação no texto 133
Pronome oblíquo 137
    Emprego 137
    Emprego com infinitivo 140
    Emprego nas
    locuções verbais 139
    Macete para acertar
    sempre 139
Pronome possessivo 145, 204,
    212, 214
    Rejeição ao possessivo 145
Pronomes relativos 120
    Onde x aonde 126-128
    Onde x em que 125
    Onde x quando 126
    Onde x que 128
    Pronome relativo
    preposicionado 121
    Que x cujo 123
    Que x o qual 124

Q

Quando 126
Que 123-124, 128
Quê 208
Que é 32
Que era 32
Que foi 32
Quem 180
    Fui eu que 180
    Fui eu quem 180-181
Querer (emprego do s
    na conjugação) 194

R

Reaver 178
Redação profissional 16
Redundâncias 168, 205, 206, 214
Repetição 205-206, 211

S

Sigla 186-187
Sobressair 166
Subjuntivo 209
Suicidar-se 113

T

Termos vagos 208
Todo 143
Todo o 144
Todos foram unânimes 144
Todos os 144
Todos os dois 144
Travessão 77-79, 203
Trilhão 167

V

Verbo + pronome *lo* 143
Verbo 85
    Formas nominais
    compostas 107
        Gerúndio composto 107
        Infinitivo composto 107
    Paradigma 86-87
    Regular e irregular 87-88
    Tempos compostos 101
        Tempos compostos
        do indicativo 101
        Futuro do presente
        composto 102
        Futuro do pretérito
        composto 104
        Pretérito mais-que-
        perfeito composto 102
        Pretérito perfeito
        composto 101
    Tempos compostos
    do subjuntivo 104
        Futuro composto 106

Índice de temas

Pretérito mais-que-perfeito composto 105
Pretérito perfeito composto 104
Tempos derivados do infinitivo 94
  Futuro do presente 94
  Futuro do pretérito 94
  Gerúndio 95, 98-99
  Infinitivo flexionado 95-96
  Pretérito imperfeito do indicativo 95
Tempos derivados do presente do indicativo 88
  Imperativo afirmativo 91
  Imperativo negativo 92
  Presente do subjuntivo 89-90, 92
Tempos derivados do pretérito perfeito 93
  Futuro do subjuntivo 93
  Imperfeito do subjuntivo 93
  Pretérito mais-que-perfeito 93
Tempos primitivos e tempos derivados 87
Verbos abundantes, os generosos 109

Emprego do particípio irregular 110-111
Emprego do particípio regular 110-111
Verbos pronominais 112
Verbos sovinas (defectivos) 111-112
Verbos terminados em -ear 195
Vírgula (deslocamento) 70
  Adjunto adverbial 71
  Conjunção coordenativa 74
  Oração adverbial 72
  Predicativo 72-73
Vírgula (oração explicativa) 69-70
Vírgula (orações coordenadas) 66-67
Vírgula (termos coordenados) 65-66
Vírgula (termos explicativos) 68
Vírgula e a conjunção *e* 66-67
Vírgula e clareza 69
Vírgula e etc. 74
Vírgula e vocativo 74
Vírgula 64, 214, 215
Vocativo 74
Voz passiva 113, 210-212
  Passiva analítica 114-115
  Passiva sintética ou pronominal 116-117
Travessão 77
  Travessão e vírgula 78

As autoras

Dad Squarisi é editora de Opinião do *Correio Braziliense*, comentarista da TV Brasília e professora de edição de textos do Centro Universitário de Brasília. Assina a coluna *Dicas de Português*, publicada em 15 jornais do país. Formada em Letras pela Universidade de Brasília, tem especialização em Linguística e mestrado em Teoria da Literatura. Foi professora de Língua Portuguesa e Literatura Brasileira em todos os níveis de ensino. Lecionou as mesmas disciplinas em centros de estudos brasileiros no exterior e no Instituto Rio Branco (MRE). Consultora do Senado Federal, redigiu discursos e textos legislativos. É autora de *Dicas da Dad*, *Mais dicas da Dad* e *A arte de escrever bem* (com Arlete Salvador), todos pela Contexto.

Arlete Salvador é jornalista e analista de política brasileira do Consulado Geral dos Estados Unidos em São Paulo. Trabalhou em alguns dos mais prestigiosos órgãos de imprensa do país, como a revista *Veja* e os jornais *O Estado de S. Paulo* e *Correio Braziliense*. Em 2004, fez parte do grupo de cinco brasileiros selecionados pelo Departamento de Estado americano para integrar o programa Humphrey de estudos nos Estados Unidos. Arlete passou um ano na Universidade de Boston, onde se dedicou à comunicação corporativa e digital enquanto acompanhava a eleição presidencial norte-americana. É autora do livro *A arte de escrever bem* (com Dad Squarisi), publicado pela Contexto.

GRÁFICA PAYM
Tel. [11] 4392-3344
paym@graficapaym.com.br